审阅院校成员（排名不分先后）

李　汛	华中师范大学
修美丽	对外经济贸易大学
高媛媛	北京第二外国语学院
李燕辉	北京第二外国语学院
白斯达	首都师范大学
张志方	同济大学
赵美威	东北师范大学
邴琳琳	东北师范大学
林　柱	东北师范大学
张　狄	东北师范大学
索大成	东北师范大学
张银硕	东北师范大学
刘聪聪	山东大学

中国政府奖学金本科来华留学生

预科教育教学大纲

国家留学基金管理委员会 编

北京语言大学出版社
BEIJING LANGUAGE AND CULTURE
UNIVERSITY PRESS

图书在版编目（CIP）数据

中国政府奖学金本科来华留学生预科教育教学大纲 / 国家留学基金管理委员会编 . -- 北京 ： 北京语言大学出版社，2022.1

ISBN 978-7-5619-5949-7

Ⅰ. ①中… Ⅱ. ①国… Ⅲ. ①汉语－对外汉语教学－教学大纲 Ⅳ. ① H195.2

中国版本图书馆 CIP 数据核字（2021）第 234279 号

中国政府奖学金本科来华留学生预科教育教学大纲

ZHONGGUO ZHENGFU JIANGXUEJIN BENKE LAI HUA LIUXUESHENG YUKE JIAOYU JIAOXUE DAGANG

排版制作：北京创艺涵文化发展有限公司
责任编辑：王巧燕
英文编辑：侯晓娟
装帧设计：张　娜
责任印制：周　燚

出版发行：北京语言大学出版社
社　　址：北京市海淀区学院路 15 号，100083
网　　址：www.blcup.com
电子信箱：service@blcup.com
电　　话：编 辑 部　8610-82303647/3592/3724
国内发行　8610-82303650/3591/3648
海外发行　8610-82303365/3080/3668
北语书店　8610-82303653
网购咨询　8610-82303908
印　　刷：北京印迪数码科技有限公司

版　　次：2022 年 1 月第 1 版　　印　　次：2022 年 1 月第 1 次印刷
开　　本：889 毫米 × 1194 毫米　1/16　　印　　张：11.75
字　　数：173 千字　　定　　价：78.00 元

PRINTED IN CHINA

前言

《中国政府奖学金本科来华留学生预科教育教学大纲》由各预科教育院校经过多年的教学探索整理编撰而成，是预科教育领域集体智慧的结晶。

本次汇编对原有大纲进行了全面修订：统一了各类教学大纲的基本框架，包括课程基本信息、课程性质与目标、教学内容与要求、教学方法与建议、教学进度与课时安排、课程考试与成绩评定等方面；删除了部分晦涩难懂、冗余、非重点的知识点，增加了部分必修知识点；对词表进行了调整和补充，合理划分了词汇级别，并统一了形式。

《中国政府奖学金本科来华留学生预科教育教学大纲》是预科教育教学工作的重要参考，也是预科教育结业考试和成绩评定的主要依据之一，为预科教育的发展起到了规范化、科学化、理论化的作用。随着来华留学形势的发展，本大纲将日臻完善、成熟。

感谢各预科教育院校为大纲修订工作所做的贡献！

国家留学基金管理委员会

中国政府奖学金预科教育指导委员会

2021 年 5 月

2021版教学大纲汇编工作一览表

大纲名称	牵头院校	审阅院校
基础汉语汉字大纲	华中师范大学	华中师范大学
基础汉语词汇大纲	华中师范大学	华中师范大学
基础汉语语法大纲	华中师范大学	华中师范大学
经贸汉语教学大纲	南京师范大学	对外经济贸易大学
科技汉语教学大纲	天津大学	首都师范大学
医学汉语教学大纲	山东大学	同济大学
文科汉语教学大纲	北京语言大学	北京第二外国语学院
数学教学大纲	天津大学	东北师范大学
物理教学大纲	天津大学	东北师范大学
化学教学大纲	同济大学	山东大学

目　录

第一章 基础汉语汉字大纲

序号	汉字
1	啊
2	爱
3	安
4	八
5	把
6	吧
7	白
8	百
9	班
10	般
11	办
12	半
13	帮
14	包
15	报
16	北
17	备
18	被
19	本
20	比
21	笔
22	必
23	边
24	变
25	便
26	表
27	别
28	病
29	不
30	布
31	步
32	部
33	才
34	菜
35	参
36	草
37	层
38	差
39	查
40	长
41	常
42	厂
43	场
44	朝
45	车
46	成
47	城
48	吃
49	持
50	重
51	除
52	出
53	处
54	础
55	穿
56	船
57	春
58	词
59	次
60	从
61	村
62	错
63	答
64	打
65	大
66	代
67	带
68	单
69	但
70	当
71	倒
72	到
73	道
74	得
75	地
76	的
77	等
78	低
79	第
80	典
81	点
82	电
83	店
84	调
85	定
86	东
87	动
88	都
89	读
90	度
91	短
92	段
93	对
94	顿
95	多
96	儿
97	而
98	二
99	发
100	法
101	反
102	饭
103	方
104	房
105	访
106	放
107	飞

108	非	139	够	170	化	201	间
109	分	140	故	171	划	202	检
110	丰	141	顾	172	画	203	简
111	风	142	关	173	话	204	见
112	封	143	观	174	欢	205	件
113	夫	144	馆	175	换	206	建
114	服	145	广	176	黄	207	健
115	福	146	贵	177	回	208	将
116	父	147	国	178	会	209	交
117	负	148	果	179	活	210	教
118	复	149	过	180	火	211	角
119	富	150	还	181	或	212	脚
120	该	151	孩	182	几	213	叫
121	改	152	海	183	机	214	觉
122	干	153	汉	184	基	215	校
123	感	154	行	185	级	216	较
124	刚	155	好	186	极	217	接
125	高	156	号	187	急	218	街
126	搞	157	合	188	集	219	节
127	告	158	何	189	己	220	结
128	哥	159	和	190	计	221	解
129	歌	160	河	191	记	222	介
130	个	161	黑	192	纪	223	界
131	各	162	很	193	技	224	今
132	给	163	红	194	系	225	紧
133	根	164	后	195	济	226	进
134	跟	165	候	196	继	227	近
135	更	166	湖	197	加	228	经
136	工	167	互	198	家	229	精
137	公	168	户	199	假	230	静
138	共	169	花	200	坚	231	究

232	九	263	了	294	卖	325	怕
233	久	264	冷	295	满	326	排
234	酒	265	离	296	毛	327	派
235	旧	266	礼	297	么	328	跑
236	就	267	里	298	没	329	批
237	局	268	理	299	每	330	篇
238	举	269	力	300	门	331	片
239	句	270	历	301	们	332	票
240	决	271	立	302	米	333	平
241	卡	272	利	303	面	334	评
242	开	273	例	304	民	335	破
243	看	274	连	305	名	336	七
244	康	275	联	306	明	337	期
245	考	276	脸	307	母	338	其
246	科	277	练	308	目	339	起
247	可	278	两	309	拿	340	气
248	克	279	亮	310	哪	341	汽
249	刻	280	领	311	那	342	器
250	客	281	留	312	男	343	千
251	空	282	流	313	南	344	前
252	口	283	六	314	难	345	钱
253	苦	284	楼	315	呢	346	切
254	块	285	录	316	内	347	且
255	快	286	路	317	能	348	亲
256	况	287	旅	318	你	349	轻
257	困	288	乱	319	年	350	清
258	拉	289	论	320	念	351	情
259	来	290	妈	321	您	352	请
260	劳	291	马	322	农	353	求
261	老	292	吗	323	努	354	球
262	乐	293	买	324	女	355	取

356	去	387	识	418	算	449	往
357	全	388	实	419	虽	450	望
358	确	389	食	420	岁	451	危
359	然	390	史	421	所	452	为
360	让	391	使	422	他	453	围
361	热	392	始	423	它	454	位
362	人	393	示	424	她	455	文
363	认	394	世	425	太	456	闻
364	任	395	市	426	态	457	问
365	日	396	事	427	谈	458	我
366	容	397	试	428	讨	459	五
367	如	398	视	429	提	460	午
368	赛	399	是	430	题	461	舞
369	三	400	适	431	体	462	务
370	散	401	室	432	天	463	物
371	色	402	收	433	条	464	西
372	山	403	手	434	听	465	希
373	商	404	首	435	庭	466	息
374	少	405	书	436	停	467	习
375	绍	406	数	437	通	468	喜
376	社	407	术	438	同	469	细
377	身	408	树	439	痛	470	下
378	深	409	双	440	头	471	先
379	什	410	谁	441	突	472	险
380	神	411	水	442	图	473	现
381	生	412	说	443	推	474	相
382	声	413	思	444	退	475	香
383	省	414	死	445	外	476	响
384	师	415	四	446	完	477	想
385	十	416	送	447	晚	478	向
386	时	417	诉	448	万	479	像

480	消	511	医	542	远	573	直
481	小	512	已	543	院	574	指
482	笑	513	以	544	愿	575	志
483	些	514	亿	545	月	576	中
484	写	515	义	546	云	577	钟
485	谢	516	艺	547	运	578	种
486	心	517	易	548	杂	579	周
487	新	518	意	549	再	580	主
488	信	519	因	550	在	581	助
489	兴	520	音	551	早	582	住
490	星	521	银	552	责	583	注
491	须	522	应	553	怎	584	装
492	需	523	英	554	增	585	准
493	许	524	迎	555	展	586	子
494	续	525	影	556	占	587	自
495	学	526	永	557	站	588	字
496	雪	527	用	558	张	589	总
497	言	528	游	559	章	590	走
498	研	529	友	560	着	591	足
499	眼	530	有	561	找	592	族
500	演	531	又	562	照	593	组
501	验	532	右	563	者	594	祖
502	阳	533	雨	564	这	595	最
503	样	534	语	565	真	596	左
504	要	535	育	566	正	597	作
505	药	536	预	567	整	598	坐
506	也	537	遇	568	之	599	座
507	业	538	元	569	支	600	做
508	夜	539	园	570	只		
509	一	540	员	571	知		
510	衣	541	原	572	织		

第二章　基础汉语词汇大纲

序号	词条	拼音	词性
1	阿姨	āyí	名
2	啊	à	叹
3	啊	a	语气
4	矮	ǎi	形
5	爱	ài	动
6	爱好	àihào	动、名
7	爱情	àiqíng	名
8	安静	ānjìng	形
9	安排	ānpái	动、名
10	安全	ānquán	形
11	安慰	ānwèi	动
12	按时	ànshí	副
13	按照	ànzhào	介
14	暗	àn	形
15	八	bā	数
16	把	bǎ	量
17	把	bǎ	介
18	爸爸	bàba	名
19	吧	ba	语气
20	白	bái	形
21	白 / 白白	bái/báibái	副
22	白天	báitiān	名
23	百	bǎi	数
24	摆	bǎi	动

序号	词条	拼音	词性
25	班	bān	名
26	搬	bān	动
27	办	bàn	动
28	办法	bànfǎ	名
29	办公室	bàngōngshì	名
30	半	bàn	数
31	半天	bàntiān	
32	帮	bāng	动
33	帮忙	bāngmáng	动
34	帮助	bāngzhù	动
35	棒	bàng	形
36	包	bāo	动
37	包	bāo	名、量
38	包括	bāokuò	动
39	包子	bāozi	名
40	薄	báo	形
41	饱	bǎo	形
42	保护	bǎohù	动
43	保证	bǎozhèng	动、名
44	报到	bàodào	动
45	报道	bàodào	动、名
46	报名	bàomíng	动
47	报纸	bàozhǐ	名
48	抱	bào	动

49	抱歉	bàoqiàn	形
50	杯子	bēizi	名
51	北 / 北边 / 北面	běi/běibian/ běimiàn	名
52	北方	běifāng	名
53	北京	Běijīng	名
54	倍	bèi	量
55	被	bèi	介
56	被子	bèizi	名
57	本	běn	名、量
58	本	běn	代
59	本来	běnlái	形、副
60	本子	běnzi	名
61	笨	bèn	形
62	鼻子	bízi	名
63	比	bǐ	介、动
64	比较	bǐjiào	动、副
65	比如	bǐrú	动
66	比赛	bǐsài	动、名
67	笔	bǐ	名
68	笔记	bǐjì	名
69	笔记本	bǐjìběn	名
70	必须	bìxū	副
71	毕业	bìyè	动
72	边	biān	名、副
73	变	biàn	动
74	变化	biànhuà	动、名
75	遍	biàn	量
76	标准	biāozhǔn	名、形

77	表	biǎo	名
78	表达	biǎodá	动
79	表示	biǎoshì	动
80	表现	biǎoxiàn	动
81	表演	biǎoyǎn	动
82	表扬	biǎoyáng	动
83	别	bié	副
84	别的	biéde	代
85	别人	biéren	代
86	宾馆	bīnguǎn	名
87	冰	bīng	名
88	冰箱	bīngxiāng	名
89	饼	bǐng	名
90	并	bìng	副、连
91	并且	bìngqiě	连
92	病	bìng	名、动
93	病人	bìngrén	名
94	不	bù	副
95	不错	bùcuò	形
96	不但	bùdàn	连
97	不得不	bùdébù	
98	不管	bùguǎn	连
99	不过	bùguò	连、副
100	不好意思	bù hǎoyìsi	
101	不仅	bùjǐn	连
102	不久	bùjiǔ	形
103	不论	bùlùn	连
104	不如	bùrú	动
105	不同	bù tóng	

106	不要	bùyào	副
107	不用	bùyòng	副
108	布置	bùzhì	动
109	部分	bùfen	名
110	擦	cā	动
111	猜	cāi	动
112	才	cái	副
113	材料	cáiliào	名
114	彩色	cǎisè	名
115	菜	cài	名
116	菜单	càidān	名
117	参观	cānguān	动
118	参加	cānjiā	动
119	餐厅	cāntīng	名
120	操场	cāochǎng	名
121	草	cǎo	名
122	厕所	cèsuǒ	名
123	层	céng	量
124	曾经	céngjīng	副
125	茶	chá	名
126	查	chá	动
127	差	chà	动、形
128	差不多	chàbuduō	形、副
129	差点儿	chàdiǎnr	副
130	长	cháng	形
131	尝	cháng	动
132	常 / 常常	cháng/ chángcháng	副
133	场	chǎng	量
134	唱	chàng	动
135	超过	chāoguò	动
136	超市	chāoshì	名
137	朝	cháo	介、动
138	吵	chǎo	形、动
139	车	chē	名
140	车站	chēzhàn	名
141	衬衫	chènshān	名
142	成	chéng	动
143	成功	chénggōng	动、形
144	成绩	chéngjì	名
145	成为	chéngwéi	动
146	诚实	chéngshí	形
147	城	chéng	名
148	城市	chéngshì	名
149	乘	chéng	动
150	吃	chī	动
151	吃惊	chījīng	动
152	迟到	chídào	动
153	重新	chóngxīn	副
154	抽	chōu	动
155	出	chū	动
156	出差	chūchāi	动
157	出发	chūfā	动
158	出来	chūlai	动
159	出去	chūqu	动
160	出生	chūshēng	动
161	出现	chūxiàn	动
162	出租车	chūzūchē	名

163	除了	chúle	介	192	打算	dǎsuàn	动、名
164	厨房	chúfáng	名	193	打听	dǎting	动
165	穿	chuān	动	194	打招呼	dǎ zhāohu	动
166	船	chuán	名	195	打折	dǎzhé	动
167	窗户	chuānghu	名	196	打针	dǎzhēn	动
168	床	chuáng	名	197	大	dà	形
169	吹	chuī	动	198	大概	dàgài	形、副
170	春	chūn	名	199	大家	dàjiā	代
171	春节	Chūnjié	名	200	大人	dàren	名
172	春天	chūntiān	名	201	大使馆	dàshǐguǎn	名
173	词	cí	名	202	大学	dàxué	名
174	词典	cídiǎn	名	203	大约	dàyuē	副
175	次	cì	量	204	大夫	dàifu	名
176	聪明	cōngmíng	形	205	代表	dàibiǎo	名、动
177	从	cóng	介	206	代替	dàitì	动
178	从来	cónglái	副	207	带	dài	动
179	从前	cóngqián	名	208	戴	dài	动
180	粗	cū	形	209	担心	dānxīn	动
181	粗心	cūxīn	形	210	但	dàn	连
182	存	cún	动	211	但是	dànshì	连
183	错	cuò	形、名	212	蛋	dàn	名
184	错误	cuòwù	名、形	213	蛋糕	dàngāo	名
185	答应	dāying	动	214	当	dāng	介
186	答案	dá'àn	名	215	当	dāng	动
187	打	dǎ	动	216	当地	dāngdì	名
188	打扮	dǎban	动	217	当然	dāngrán	形、副
189	打车	dǎchē	动	218	当时	dāngshí	名
190	打扰	dǎrǎo	动	219	刀	dāo	名
191	打扫	dǎsǎo	动	220	导游	dǎoyóu	名

221	倒	dǎo	动
222	到	dào	动
223	到处	dàochù	副
224	到底	dàodǐ	副
225	倒	dào	动、副
226	道	dào	量
227	道理	dàolǐ	名
228	道歉	dàoqiàn	动
229	得	dé	动
230	得到	dédào	动
231	得意	déyì	形
232	地	de	助
233	的	de	助、语气
234	的话	dehuà	助
235	得	de	助
236	得	děi	助动
237	灯	dēng	名
238	等	děng	动
239	等	děng	助
240	低	dī	形、动
241	地	dì	名
242	地方	dìfang	名
243	地球	dìqiú	名
244	地铁	dìtiě	名
245	地图	dìtú	名
246	地址	dìzhǐ	名
247	弟弟	dìdi	名
248	递	dì	动
249	第	dì	头

250	点	diǎn	名、量
251	点	diǎn	动
252	点心	diǎnxin	名
253	电	diàn	名
254	电话	diànhuà	名
255	电脑	diànnǎo	名
256	电视	diànshì	名
257	电梯	diàntī	名
258	电影	diànyǐng	名
259	调查	diàochá	动
260	掉	diào	动
261	丢	diū	动
262	东 / 东边 / 东面	dōng/dōng-bian/dōng-miàn	名
263	东西	dōngxi	名
264	冬	dōng	名
265	冬天	dōngtiān	名
266	懂	dǒng	动
267	动	dòng	动
268	动物	dòngwù	名
269	动物园	dòngwùyuán	名
270	动作	dòngzuò	名
271	都	dōu	副
272	读	dú	动
273	堵车	dǔchē	动
274	肚子	dùzi	名
275	短	duǎn	形
276	短信	duǎnxìn	名
277	段	duàn	量

278	锻炼	duànliàn	动
279	堆	duī	动、量
280	对	duì	形
281	对	duì	介、动、量
282	对不起	duìbuqǐ	动
283	对话	duìhuà	动
284	对面	duìmiàn	名
285	对于	duìyú	介
286	顿	dùn	量
287	多	duō	形、数
288	多	duō	副
289	多么	duōme	副
290	多少	duōshao	代
291	朵	duǒ	量
292	饿	è	形、动
293	儿童	értóng	名
294	儿子	érzi	名
295	而	ér	连
296	而且	érqiě	连
297	耳朵	ěrduo	名
298	二	èr	数
299	发	fā	动
300	发烧	fāshāo	动
301	发生	fāshēng	动
302	发现	fāxiàn	动
303	发展	fāzhǎn	动
304	法律	fǎlǜ	名
305	翻	fān	动
306	翻译	fānyì	动、名
307	反对	fǎnduì	动
308	饭	fàn	名
309	饭店	fàndiàn	名
310	饭馆	fànguǎn	名
311	方便	fāngbiàn	形、动
312	方法	fāngfǎ	名
313	方面	fāngmiàn	名
314	方向	fāngxiàng	名
315	房间	fángjiān	名
316	房子	fángzi	名
317	访问	fǎngwèn	动
318	放	fàng	动
319	放假	fàngjià	动
320	放弃	fàngqì	动
321	放松	fàngsōng	动
322	放心	fàngxīn	动
323	飞	fēi	动
324	飞机	fēijī	名
325	非常	fēicháng	副
326	肥	féi	形
327	分	fēn	动
328	分	fēn	名、量
329	分数	fēnshù	名
330	……分之……	……fēn zhī……	
331	分钟	fēnzhōng	量
332	份	fèn	量
333	丰富	fēngfù	形、动
334	风	fēng	名

335	风景	fēngjǐng	名
336	封	fēng	量
337	否则	fǒuzé	连
338	夫人	fūrén	名
339	服务	fúwù	动
340	符合	fúhé	动
341	辅导	fǔdǎo	动
342	父亲	fùqīn	名
343	付	fù	动
344	负责	fùzé	动、形
345	附近	fùjìn	名
346	复习	fùxí	动
347	复印	fùyìn	动
348	复杂	fùzá	形
349	富	fù	形
350	该	gāi	助动
351	改	gǎi	动
352	改变	gǎibiàn	动
353	干	gān	形
354	干杯	gānbēi	动
355	干脆	gāncuì	形、副
356	干净	gānjìng	形
357	赶	gǎn	动
358	敢	gǎn	助动
359	感到	gǎndào	动
360	感动	gǎndòng	动、形
361	感觉	gǎnjué	动、名
362	感冒	gǎnmào	名、动
363	感情	gǎnqíng	名
364	感谢	gǎnxiè	动
365	感兴趣	gǎn xìngqù	动
366	干	gàn	动
367	刚 / 刚刚	gāng/ gānggāng	副
368	刚才	gāngcái	名
369	高	gāo	形
370	高兴	gāoxìng	形、动
371	搞	gǎo	动
372	告别	gàobié	动
373	告诉	gàosu	动
374	哥哥	gēge	名
375	歌	gē	名
376	个	gè	量
377	个子	gèzi	名
378	各	gè	代、副
379	给	gěi	动、介
380	根	gēn	量、名
381	根本	gēnběn	名、形、副
382	根据	gēnjù	动、介、名
383	跟	gēn	介、连、动
384	更	gèng	副
385	更加	gèngjiā	副
386	工厂	gōngchǎng	名
387	工具	gōngjù	名
388	工人	gōngrén	名
389	工资	gōngzī	名
390	工作	gōngzuò	名、动
391	公共	gōnggòng	形

392	公司	gōngsī	名
393	公园	gōngyuán	名
394	功夫	gōngfu	名
395	共同	gòngtóng	形
396	狗	gǒu	名
397	购物	gòuwù	动
398	够	gòu	副、动
399	估计	gūjì	动
400	姑娘	gūniang	名
401	鼓励	gǔlì	动
402	鼓掌	gǔzhǎng	动
403	故事	gùshi	名
404	故意	gùyì	副
405	顾客	gùkè	名
406	刮	guā	动
407	挂	guà	动
408	挂号	guàhào	动
409	关	guān	动
410	关键	guānjiàn	名、形
411	关系	guānxì	名、动
412	关心	guānxīn	动
413	关于	guānyú	介
414	观众	guānzhòng	名
415	管理	guǎnlǐ	动
416	光	guāng	名
417	光	guāng	形、副
418	广场	guǎngchǎng	名
419	广告	guǎnggào	名
420	逛	guàng	动

421	规定	guīdìng	动、名
422	贵	guì	形
423	贵姓	guìxìng	名
424	国	guó	名
425	国籍	guójí	名
426	国际	guójì	名
427	国家	guójiā	名
428	果然	guǒrán	副
429	过	guò	动
430	过程	guòchéng	名
431	过来	guòlai	动
432	过年	guònián	动
433	过去	guòqù	名
434	过去	guòqu	动
435	过	guo	助
436	还	hái	副
437	还是	háishi	副、连
438	孩子	háizi	名
439	海	hǎi	名
440	海洋	hǎiyáng	名
441	害怕	hàipà	动
442	害羞	hàixiū	形
443	寒假	hánjià	名
444	喊	hǎn	动
445	汉语	Hànyǔ	名
446	汉字	Hànzì	名
447	汗	hàn	名
448	行	háng	量、名
449	好	hǎo	形

450	好	hǎo	副
451	好吃	hǎochī	形
452	好处	hǎochù	名
453	好看	hǎokàn	形
454	好听	hǎotīng	形
455	好玩儿	hǎowánr	形
456	好像	hǎoxiàng	动、副
457	号	hào	量、名
458	号码	hàomǎ	名
459	喝	hē	动
460	合格	hégé	形
461	合适	héshì	形
462	和	hé	介、连
463	河	hé	名
464	盒	hé	名、量
465	黑	hēi	形
466	黑板	hēibǎn	名
467	很	hěn	副
468	红	hóng	形
469	后	hòu	名
470	后边 / 后面	hòubian/ hòumiàn	名
471	后悔	hòuhuǐ	动
472	后来	hòulái	名
473	后年	hòunián	名
474	后天	hòutiān	名
475	厚	hòu	形
476	忽然	hūrán	副
477	湖	hú	名
478	互联网	hùliánwǎng	名
479	互相	hùxiāng	副
480	护士	hùshi	名
481	护照	hùzhào	名
482	花	huā	名、形
483	花	huā	动
484	花园	huāyuán	名
485	画	huà	动
486	画儿	huàr	名
487	话	huà	名
488	怀疑	huáiyí	动
489	坏	huài	形
490	坏处	huàichù	名
491	欢乐	huānlè	形
492	欢迎	huānyíng	动
493	还	huán	动
494	环境	huánjìng	名
495	换	huàn	动
496	黄	huáng	形
497	恢复	huīfù	动
498	回	huí	动
499	回	huí	量
500	回答	huídá	动
501	回来	huílai	动
502	回去	huíqu	动
503	回忆	huíyì	动
504	会	huì	助动、动
505	会	huì	名
506	会话	huìhuà	动

507	会议	huìyì	名
508	活	huó	动、名
509	活动	huódòng	名、动
510	活泼	huópō	形
511	火	huǒ	名
512	火车	huǒchē	名
513	或 / 或者	huò/huòzhě	连
514	获得	huòdé	动
515	几乎	jīhū	副
516	机场	jīchǎng	名
517	机会	jīhuì	名
518	机器	jīqì	名
519	鸡	jī	名
520	积极	jījí	形
521	积累	jīlěi	动
522	基本	jīběn	形
523	基础	jīchǔ	名
524	激动	jīdòng	形、动
525	激烈	jīliè	形
526	及格	jígé	动
527	及时	jíshí	形
528	……极了	……jí le	
529	极其	jíqí	副
530	即使	jíshǐ	连
531	急	jí	形
532	集合	jíhé	动
533	几	jǐ	代、数
534	挤	jǐ	动、形
535	计划	jìhuà	名、动

536	记	jì	动
537	记得	jìde	动
538	记者	jìzhě	名
539	技术	jìshù	名
540	季节	jìjié	名
541	既	jì	连
542	既然	jìrán	连
543	继续	jìxù	动
544	寄	jì	动
545	加	jiā	动
546	加班	jiābān	动
547	家	jiā	名、量、尾
548	家具	jiājù	名
549	家庭	jiātíng	名
550	假	jiǎ	形
551	价格	jiàgé	名
552	坚持	jiānchí	动
553	间	jiān	量
554	检查	jiǎnchá	动
555	减	jiǎn	动
556	减少	jiǎnshǎo	动
557	简单	jiǎndān	形
558	见	jiàn	动
559	见面	jiànmiàn	动
560	件	jiàn	量
561	建议	jiànyì	动、名
562	建筑	jiànzhù	动、名
563	健康	jiànkāng	形
564	江	jiāng	名

565	将	jiāng	副、介	594	节约	jiéyuē	动
566	将来	jiānglái	名	595	结果	jiéguǒ	名、连
567	讲	jiǎng	动	596	结婚	jiéhūn	动
568	讲话	jiǎnghuà	动、名	597	结束	jiéshù	动
569	奖金	jiǎngjīn	名	598	姐姐	jiějie	名
570	奖学金	jiǎngxuéjīn	名	599	解决	jiějué	动
571	降低	jiàngdī	动	600	解释	jiěshì	动
572	交	jiāo	动	601	介绍	jièshào	动
573	交流	jiāoliú	动	602	借	jiè	动
574	交通	jiāotōng	名	603	斤	jīn	量
575	郊区	jiāoqū	名	604	今年	jīnnián	名
576	骄傲	jiāo'ào	形	605	今天	jīntiān	名
577	教	jiāo	动	606	尽管	jǐnguǎn	连、副
578	角	jiǎo	量、名	607	紧	jǐn	形
579	饺子	jiǎozi	名	608	紧张	jǐnzhāng	形
580	脚	jiǎo	名	609	进	jìn	动
581	叫	jiào	动、介	610	进步	jìnbù	动
582	教师	jiàoshī	名	611	进来	jìnlai	动
583	教室	jiàoshì	名	612	进去	jìnqu	动
584	教学	jiàoxué	名	613	进行	jìnxíng	动
585	教育	jiàoyù	动、名	614	近	jìn	形
586	接	jiē	动	615	禁止	jìnzhǐ	动
587	接受	jiēshòu	动	616	经常	jīngcháng	副
588	接着	jiēzhe	动、副	617	经过	jīngguò	动、名
589	街	jiē	名	618	经济	jīngjì	名
590	街道	jiēdào	名	619	经理	jīnglǐ	名
591	节	jié	名、量	620	经历	jīnglì	名、动
592	节目	jiémù	名	621	经验	jīngyàn	名
593	节日	jiérì	名	622	精彩	jīngcǎi	形

623	精神	jīngshén	名
624	景色	jǐngsè	名
625	警察	jǐngchá	名
626	竞争	jìngzhēng	动
627	竟 / 竟然	jìng/jìngrán	副
628	镜子	jìngzi	名
629	究竟	jiūjìng	副
630	九	jiǔ	数
631	久	jiǔ	形
632	酒	jiǔ	名
633	旧	jiù	形
634	就	jiù	副
635	举	jǔ	动
636	举办	jǔbàn	动
637	举行	jǔxíng	动
638	句	jù	量
639	句子	jùzi	名
640	拒绝	jùjué	动
641	距离	jùlí	名
642	聚会	jùhuì	动、名
643	决定	juédìng	动、名
644	决心	juéxīn	名、动
645	觉得	juéde	动
646	咖啡	kāfēi	名
647	卡	kǎ	名
648	开	kāi	动
649	开始	kāishǐ	动、名
650	开玩笑	kāi wánxiào	动
651	开心	kāixīn	形
652	开学	kāixué	动
653	看	kàn	动
654	看病	kànbìng	动
655	看法	kànfǎ	名
656	看见	kànjiàn	动
657	考	kǎo	动
658	考虑	kǎolǜ	动
659	考试	kǎoshì	动
660	靠	kào	动
661	科学	kēxué	名、形
662	棵	kē	量
663	咳嗽	késou	动
664	可	kě	副、连
665	可爱	kě'ài	形
666	可怜	kělián	形、动
667	可能	kěnéng	助动、名
668	可怕	kěpà	形
669	可是	kěshì	连
670	可惜	kěxī	形
671	可以	kěyǐ	助动
672	渴	kě	形
673	刻	kè	量
674	客气	kèqi	形、动
675	客人	kèrén	名
676	课	kè	名
677	课本	kèběn	名
678	课文	kèwén	名
679	肯定	kěndìng	动、形
680	空	kōng	形

681	空间	kōngjiān	名
682	空气	kōngqì	名
683	空调	kōngtiáo	名
684	恐怕	kǒngpà	副
685	空儿	kòngr	名
686	口	kǒu	名、量
687	口袋	kǒudai	名
688	口语	kǒuyǔ	名
689	哭	kū	动
690	苦	kǔ	形
691	裤子	kùzi	名
692	块	kuài	名、量
693	快	kuài	形、副
694	快乐	kuàilè	形
695	筷子	kuàizi	名
696	宽	kuān	形
697	困	kùn	形、动
698	困难	kùnnan	形、名
699	垃圾	lājī	名
700	拉	lā	动
701	辣	là	形
702	啦	la	语气
703	来	lái	动
704	来不及	láibují	动
705	来得及	láidejí	动
706	来自	láizì	动
707	蓝	lán	形
708	篮球	lánqiú	名
709	懒	lǎn	形

710	烂	làn	形
711	浪费	làngfèi	动
712	劳动	láodòng	动
713	老	lǎo	形、头
714	老板	lǎobǎn	名
715	老虎	lǎohǔ	名
716	老人	lǎorén	名
717	老师	lǎoshī	名
718	了	le	助、语气
719	累	lèi	形
720	冷	lěng	形
721	冷静	lěngjìng	形
722	离	lí	动
723	离婚	líhūn	动
724	离开	líkāi	动
725	礼貌	lǐmào	名
726	礼物	lǐwù	名
727	里	lǐ	名、量
728	里边 / 里面	lǐbian/lǐmiàn	名
729	理发	lǐfà	动
730	理解	lǐjiě	动
731	理想	lǐxiǎng	名
732	力气	lìqi	名
733	历史	lìshǐ	名
734	厉害	lìhai	形
735	立刻	lìkè	副
736	利用	lìyòng	动
737	例如	lìrú	动
738	俩	liǎ	数量

739	连	lián	动、副、介	768	绿	lǜ	形
740	联系	liánxì	动	769	妈妈	māma	名
741	脸	liǎn	名	770	麻烦	máfan	形、名、动
742	练习	liànxí	动、名	771	马	mǎ	名
743	恋爱	liàn'ài	动、名	772	马虎	mǎhu	形
744	凉快	liángkuai	形	773	马上	mǎshàng	副
745	两	liǎng	数、量	774	吗	ma	语气
746	亮	liàng	形、动	775	嘛	ma	语气
747	辆	liàng	量	776	买	mǎi	动
748	聊天儿	liáotiānr	动	777	卖	mài	动
749	了解	liǎojiě	动	778	满	mǎn	形
750	邻居	línjū	名	779	满意	mǎnyì	动
751	零	líng	数	780	慢	màn	形
752	领导	lǐngdǎo	动、名	781	忙	máng	形
753	另	lìng	代、副	782	猫	māo	名
754	另外	lìngwài	代、副	783	毛	máo	量
755	留	liú	动	784	毛病	máobìng	名
756	留学	liúxué	动	785	毛巾	máojīn	名
757	留学生	liúxuéshēng	名	786	毛衣	máoyī	名
758	流	liú	动	787	帽子	màozi	名
759	流利	liúlì	形	788	没	méi	副、动
760	流行	liúxíng	动	789	没关系	méi guānxi	
761	六	liù	数	790	没事	méishì	动
762	楼	lóu	名	791	没意思	méi yìsi	
763	录音	lùyīn	动、名	792	没有	méiyǒu	副
764	路	lù	名	793	每	měi	代、副
765	旅行	lǚxíng	动	794	美	měi	形
766	旅游	lǚyóu	动	795	美好	měihǎo	形
767	律师	lǜshī	名	796	美丽	měilì	形

797	妹妹	mèimei	名
798	门	mén	名、量
799	门口	ménkǒu	名
800	们	men	尾
801	梦	mèng	名、动
802	迷路	mílù	动
803	米	mǐ	量
804	米	mǐ	名
805	米饭	mǐfàn	名
806	秘密	mìmì	名
807	密码	mìmǎ	名
808	免费	miǎnfèi	动
809	面	miàn	名、量
810	面包	miànbāo	名
811	面前	miànqián	名
812	面条儿	miàntiáor	名
813	秒	miǎo	量
814	灭	miè	动
815	民族	mínzú	名
816	名字	míngzi	名
817	明白	míngbai	形、动
818	明年	míngnián	名
819	明天	míngtiān	名
820	母亲	mǔqīn	名
821	目的	mùdì	名
822	拿	ná	动
823	哪	nǎ	代
824	哪里 / 哪儿	nǎlǐ/nǎr	代
825	那	nà	代、连
826	那里 / 那儿	nàlǐ/nàr	代
827	那么	nàme	代、连
828	那些	nàxiē	代
829	那样	nàyàng	代
830	奶奶	nǎinai	名
831	耐心	nàixīn	形、名
832	男	nán	形
833	男人	nánrén	名
834	南 / 南边 / 南面	nán/nánbian/nánmiàn	名
835	南方	nánfāng	名
836	难	nán	形
837	难道	nándào	副
838	难过	nánguò	形
839	难看	nánkàn	形
840	难受	nánshòu	形
841	呢	ne	语气
842	内	nèi	名
843	内容	nèiróng	名
844	能	néng	助动
845	能够	nénggòu	助动
846	能力	nénglì	名
847	你	nǐ	代
848	你们	nǐmen	代
849	年	nián	名、量
850	年级	niánjí	名
851	年纪	niánjì	名
852	年龄	niánlíng	名
853	年轻	niánqīng	形

854	念	niàn	动
855	鸟	niǎo	名
856	您	nín	代
857	牛	niú	名
858	牛奶	niúnǎi	名
859	农村	nóngcūn	名
860	弄	nòng	动
861	努力	nǔlì	形
862	女	nǚ	形
863	女儿	nǚ'ér	名
864	女人	nǚrén	名
865	暖和	nuǎnhuo	形
866	偶尔	ǒu'ěr	副
867	爬	pá	动
868	怕	pà	动
869	拍	pāi	动
870	排	pái	动、量
871	排队	páiduì	动
872	排列	páiliè	动
873	排球	páiqiú	名
874	派	pài	动
875	盘子	pánzi	名
876	旁边	pángbiān	名
877	胖	pàng	形
878	跑	pǎo	动
879	跑步	pǎobù	动
880	陪	péi	动
881	朋友	péngyou	名
882	碰	pèng	动
883	批评	pīpíng	动
884	皮	pí	名
885	皮肤	pífū	名
886	啤酒	píjiǔ	名
887	脾气	píqi	名
888	篇	piān	量
889	便宜	piányi	形
890	片	piàn	量、名
891	骗	piàn	动
892	票	piào	名
893	漂亮	piàoliang	形
894	乒乓球	pīngpāngqiú	名
895	平时	píngshí	名
896	苹果	píngguǒ	名
897	瓶	píng	名、量
898	瓶子	píngzi	名
899	破	pò	形、动
900	葡萄	pútao	名
901	普遍	pǔbiàn	形
902	普通	pǔtōng	形
903	普通话	pǔtōnghuà	名
904	七	qī	数
905	妻子	qīzi	名
906	其次	qícì	代
907	其实	qíshí	副
908	其他	qítā	代
909	其中	qízhōng	名
910	奇怪	qíguài	形
911	骑	qí	动

912	起	qǐ	动
913	起床	qǐchuáng	动
914	起飞	qǐfēi	动
915	起来	qǐlai	动
916	气	qì	名
917	气候	qìhòu	名
918	汽车	qìchē	名
919	千	qiān	数
920	千克 / 公斤	qiānkè/ gōngjīn	量
921	千米 / 公里	qiānmǐ/ gōnglǐ	量
922	千万	qiānwàn	副
923	铅笔	qiānbǐ	名
924	签证	qiānzhèng	动、名
925	前	qián	名
926	前边 / 前面	qiánbian/ qiánmiàn	名
927	前年	qiánnián	名
928	前天	qiántiān	名
929	钱	qián	名
930	浅	qiǎn	形
931	强	qiáng	形
932	墙	qiáng	名
933	敲	qiāo	动
934	桥	qiáo	名
935	亲戚	qīnqi	名
936	亲人	qīnrén	名
937	轻	qīng	形
938	轻松	qīngsōng	形
939	清楚	qīngchu	形
940	情况	qíngkuàng	名
941	晴	qíng	形
942	请	qǐng	动
943	请假	qǐngjià	动
944	请客	qǐngkè	动
945	请问	qǐngwèn	动
946	庆祝	qìngzhù	动
947	穷	qióng	形
948	秋	qiū	名
949	秋天	qiūtiān	名
950	球	qiú	名
951	区别	qūbié	名、动
952	取	qǔ	动
953	取得	qǔdé	动
954	去	qù	动
955	去年	qùnián	名
956	全	quán	形、副
957	全部	quánbù	名
958	全体	quántǐ	名
959	缺点	quēdiǎn	名
960	缺少	quēshǎo	动
961	却	què	副
962	确实	quèshí	形、副
963	裙子	qúnzi	名
964	群	qún	量、名
965	然而	rán'ér	连
966	然后	ránhòu	连
967	让	ràng	动、介

968	热	rè	形、动
969	热闹	rènao	形、动
970	热情	rèqíng	形
971	人	rén	名
972	人们	rénmen	名
973	人民币	rénmínbì	名
974	认识	rènshi	动、名
975	认为	rènwéi	动
976	认真	rènzhēn	形
977	任何	rènhé	代
978	任务	rènwu	名
979	扔	rēng	动
980	仍然	réngrán	副
981	日	rì	名
982	日记	rìjì	名
983	日子	rìzi	名
984	容易	róngyì	形
985	肉	ròu	名
986	如果	rúguǒ	连
987	入口	rùkǒu	名
988	软	ruǎn	形
989	三	sān	数
990	伞	sǎn	名
991	散步	sànbù	动
992	扫	sǎo	动
993	森林	sēnlín	名
994	沙发	shāfā	名
995	山	shān	名
996	伤心	shāngxīn	形

997	商场	shāngchǎng	名
998	商店	shāngdiàn	名
999	商量	shāngliang	动
1000	商品	shāngpǐn	名
1001	上	shàng	名
1002	上	shàng	动
1003	上班	shàngbān	动
1004	上边 / 上面	shàngbian/ shàngmiàn	名
1005	上课	shàngkè	动
1006	上来	shànglai	动
1007	上去	shàngqu	动
1008	上网	shàngwǎng	动
1009	上午	shàngwǔ	名
1010	上学	shàngxué	动
1011	烧	shāo	动
1012	稍微	shāowēi	副
1013	勺子	sháozi	名
1014	少	shǎo	形、动
1015	社会	shèhuì	名
1016	谁	shéi/shuí	代
1017	申请	shēnqǐng	动
1018	身体	shēntǐ	名
1019	深	shēn	形
1020	什么	shénme	代
1021	甚至	shènzhì	连
1022	生病	shēngbìng	动
1023	生词	shēngcí	名
1024	生活	shēnghuó	名、动

1025	生命	shēngmìng	名	1054	手表	shǒubiǎo	名
1026	生气	shēngqì	动	1055	手机	shǒujī	名
1027	生日	shēngrì	名	1056	首都	shǒudū	名
1028	生意	shēngyi	名	1057	首先	shǒuxiān	副、代
1029	声	shēng	名、量	1058	受	shòu	动
1030	声音	shēngyīn	名	1059	售货员	shòuhuòyuán	名
1031	省	shěng	名	1060	瘦	shòu	形
1032	省	shěng	动	1061	书	shū	名
1033	剩	shèng	动	1062	叔叔	shūshu	名
1034	失败	shībài	动	1063	舒服	shūfu	形
1035	失望	shīwàng	动、形	1064	输	shū	动
1036	师傅	shīfu	名	1065	熟	shú	形
1037	狮子	shīzi	名	1066	熟悉	shúxi	动
1038	湿	shī	形	1067	暑假	shǔjià	名
1039	十	shí	数	1068	数	shǔ	动
1040	十分	shífēn	副	1069	树	shù	名
1041	时候	shíhou	名	1070	数量	shùliàng	名
1042	时间	shíjiān	名	1071	数学	shùxué	名
1043	实际	shíjì	名、形	1072	数字	shùzì	名
1044	实现	shíxiàn	动	1073	刷	shuā	动
1045	实在	shízài	形、副	1074	摔	shuāi	动
1046	食品	shípǐn	名	1075	帅	shuài	形
1047	食堂	shítáng	名	1076	双	shuāng	量
1048	使	shǐ	动	1077	水	shuǐ	名
1049	世界	shìjiè	名	1078	水果	shuǐguǒ	名
1050	收	shōu	动	1079	水平	shuǐpíng	名
1051	收入	shōurù	动、名	1080	睡	shuì	动
1052	收拾	shōushi	动	1081	睡觉	shuìjiào	动
1053	手	shǒu	名	1082	顺便	shùnbiàn	副

1083	顺利	shùnlì	形
1084	顺序	shùnxù	名
1085	说	shuō	动
1086	说明	shuōmíng	动、名
1087	司机	sījī	名
1088	思想	sīxiǎng	名
1089	死	sǐ	动
1090	四	sì	数
1091	送	sòng	动
1092	速度	sùdù	名
1093	宿舍	sùshè	名
1094	酸	suān	形
1095	算	suàn	动
1096	虽然	suīrán	连
1097	随便	suíbiàn	形
1098	随着	suízhe	介
1099	岁	suì	量
1100	所以	suǒyǐ	连
1101	所有	suǒyǒu	形
1102	他	tā	代
1103	他们	tāmen	代
1104	它	tā	代
1105	它们	tāmen	代
1106	她	tā	代
1107	她们	tāmen	代
1108	台	tái	名、量
1109	抬	tái	动
1110	太	tài	副
1111	太阳	tàiyáng	名

1112	态度	tàidù	名
1113	谈	tán	动
1114	弹	tán	动
1115	汤	tāng	名
1116	糖	táng	名
1117	躺	tǎng	动
1118	趟	tàng	量
1119	讨论	tǎolùn	动
1120	讨厌	tǎoyàn	形、动
1121	特别	tèbié	形、副
1122	特点	tèdiǎn	名
1123	疼	téng	形
1124	踢	tī	动
1125	提	tí	动
1126	提高	tígāo	动
1127	提供	tígōng	动
1128	提前	tíqián	动
1129	提醒	tíxǐng	动
1130	题	tí	名
1131	题目	tímù	名
1132	体育	tǐyù	名
1133	替	tì	动
1134	天	tiān	名、量
1135	天气	tiānqì	名
1136	甜	tián	形
1137	条	tiáo	量
1138	条件	tiáojiàn	名
1139	跳	tiào	动
1140	跳舞	tiàowǔ	动

1141	贴	tiē	动
1142	听	tīng	动
1143	听见	tīngjiàn	动
1144	听说	tīngshuō	动
1145	听写	tīngxiě	动
1146	停	tíng	动
1147	停止	tíngzhǐ	动
1148	挺	tǐng	副
1149	通	tōng	动、形
1150	通过	tōngguò	动、介
1151	通知	tōngzhī	动、名
1152	同情	tóngqíng	动
1153	同时	tóngshí	连、名
1154	同事	tóngshì	名
1155	同屋	tóngwū	名
1156	同学	tóngxué	名
1157	同意	tóngyì	动
1158	痛快	tòngkuài	形
1159	偷	tōu	动
1160	偷偷	tōutōu	副
1161	头	tóu	名、量
1162	头发	tóufa	名
1163	头	tou	尾
1164	突然	tūrán	形
1165	图书馆	túshūguǎn	名
1166	吐	tǔ	动
1167	推	tuī	动
1168	推迟	tuīchí	动
1169	腿	tuǐ	名
1170	退	tuì	动
1171	脱	tuō	动
1172	袜子	wàzi	名
1173	外	wài	名
1174	外边 / 外面	wàibian/ wàimiàn	名
1175	外国	wàiguó	名
1176	外语	wàiyǔ	名
1177	完	wán	动
1178	完成	wánchéng	动
1179	完全	wánquán	形、副
1180	玩	wán	动
1181	玩笑	wánxiào	名
1182	晚	wǎn	形
1183	晚饭	wǎnfàn	名
1184	晚会	wǎnhuì	名
1185	晚上	wǎnshang	名
1186	碗	wǎn	名
1187	万	wàn	数
1188	网	wǎng	名
1189	往	wǎng	动、介
1190	往往	wǎngwǎng	副
1191	忘	wàng	动
1192	忘记	wàngjì	动
1193	危险	wēixiǎn	形、名
1194	微信	wēixìn	名
1195	为	wéi	动
1196	卫生间	wèishēngjiān	名
1197	为	wèi	介

1198	为了	wèile	介
1199	为什么	wèi shénme	
1200	位	wèi	量
1201	味道	wèidào	名
1202	喂	wèi	叹
1203	温度	wēndù	名
1204	文化	wénhuà	名
1205	文学	wénxué	名
1206	文章	wénzhāng	名
1207	闻	wén	动
1208	问	wèn	动
1209	问好	wènhǎo	动
1210	问题	wèntí	名
1211	我	wǒ	代
1212	我们	wǒmen	代
1213	握手	wòshǒu	动
1214	污染	wūrǎn	动
1215	无聊	wúliáo	形
1216	无论	wúlùn	连
1217	五	wǔ	数
1218	午饭	wǔfàn	名
1219	物理	wùlǐ	名
1220	误会	wùhuì	动、名
1221	西 / 西边 / 西面	xī/xībian/ xīmiàn	名
1222	西瓜	xīguā	名
1223	西红柿	xīhóngshì	名
1224	吸引	xīyǐn	动
1225	希望	xīwàng	动、名
1226	习惯	xíguàn	名、动
1227	洗	xǐ	动
1228	洗手间	xǐshǒujiān	名
1229	洗衣机	xǐyījī	名
1230	洗澡	xǐzǎo	动
1231	喜欢	xǐhuan	动
1232	系	xì	名
1233	细	xì	形
1234	下	xià	名、动
1235	下	xià	量
1236	下班	xiàbān	动
1237	下边 / 下面	xiàbian/ xiàmiàn	名
1238	下课	xiàkè	动
1239	下来	xiàlai	动
1240	下去	xiàqu	动
1241	下午	xiàwǔ	名
1242	吓	xià	动
1243	夏	xià	名
1244	夏天	xiàtiān	名
1245	先	xiān	副、名
1246	先生	xiānsheng	名
1247	咸	xián	形
1248	现代	xiàndài	名
1249	现金	xiànjīn	名
1250	现在	xiànzài	名
1251	羡慕	xiànmù	动
1252	相反	xiāngfǎn	形
1253	相同	xiāngtóng	形

1254	相信	xiāngxìn	动
1255	香	xiāng	形
1256	香蕉	xiāngjiāo	名
1257	详细	xiángxì	形
1258	响	xiǎng	形
1259	想	xiǎng	动
1260	想法	xiǎngfǎ	名
1261	向	xiàng	介、动
1262	像	xiàng	动、名
1263	消息	xiāoxi	名
1264	小	xiǎo	形、头
1265	小孩儿	xiǎoháir	名
1266	小伙子	xiǎohuǒzi	名
1267	小姐	xiǎojiě	名
1268	小时	xiǎoshí	名
1269	小说	xiǎoshuō	名
1270	小心	xiǎoxīn	形、动
1271	校长	xiàozhǎng	名
1272	笑	xiào	动
1273	笑话	xiàohua	名、动
1274	效果	xiàoguǒ	名
1275	些	xiē	量
1276	鞋	xié	名
1277	写	xiě	动
1278	血	xiě/xuè	名
1279	谢谢	xièxie	动
1280	心	xīn	名
1281	心情	xīnqíng	名
1282	辛苦	xīnkǔ	形、动

1283	新	xīn	形
1284	新年	xīnnián	名
1285	新闻	xīnwén	名
1286	新鲜	xīnxiān	形
1287	信	xìn	名
1288	信封	xìnfēng	名
1289	信任	xìnrèn	动
1290	信息	xìnxī	名
1291	信心	xìnxīn	名
1292	兴奋	xīngfèn	形
1293	星期	xīngqī	名
1294	星期日 / 星期天	xīngqīrì/ xīngqītiān	名
1295	行	xíng	动、形
1296	行动	xíngdòng	动、名
1297	行李	xíngli	名
1298	行为	xíngwéi	名
1299	形式	xíngshì	名
1300	醒	xǐng	动
1301	兴趣	xìngqù	名
1302	幸福	xìngfú	形
1303	性	xìng	名、尾
1304	性别	xìngbié	名
1305	性格	xìnggé	名
1306	姓	xìng	名、动
1307	休息	xiūxi	动
1308	修	xiū	动
1309	修理	xiūlǐ	动
1310	需要	xūyào	动、名

1311	许多	xǔduō	数
1312	选	xuǎn	动
1313	选择	xuǎnzé	动
1314	学	xué	动
1315	学期	xuéqī	名
1316	学生	xuéshēng	名
1317	学习	xuéxí	动
1318	学校	xuéxiào	名
1319	学院	xuéyuàn	名
1320	雪	xuě	名
1321	压力	yālì	名
1322	呀	yā	叹
1323	牙	yá	名
1324	牙膏	yágāo	名
1325	亚洲	Yàzhōu	名
1326	呀	ya	语气
1327	严格	yángé	形
1328	严重	yánzhòng	形
1329	研究	yánjiū	动
1330	盐	yán	名
1331	颜色	yánsè	名
1332	眼睛	yǎnjing	名
1333	眼镜	yǎnjìng	名
1334	演出	yǎnchū	动
1335	演员	yǎnyuán	名
1336	宴会	yànhuì	名
1337	羊	yáng	名
1338	阳光	yángguāng	名
1339	养	yǎng	动

1340	样子	yàngzi	名
1341	要求	yāoqiú	名、动
1342	邀请	yāoqǐng	动
1343	摇	yáo	动
1344	药	yào	名
1345	要	yào	助动、动
1346	要是	yàoshi	连
1347	钥匙	yàoshi	名
1348	爷爷	yéye	名
1349	也	yě	副
1350	也许	yěxǔ	副
1351	叶子	yèzi	名
1352	页	yè	量
1353	夜	yè	名
1354	一	yī	数
1355	一般	yībān	形
1356	一边	yībiān	名、副
1357	一点儿	yīdiǎnr	
1358	一定	yīdìng	形、副
1359	一共	yīgòng	副
1360	一会儿	yīhuìr	副
1361	一块儿	yīkuàir	副
1362	一起	yīqǐ	副
1363	一切	yīqiè	代
1364	一下 / 一下子	yīxià/yīxiàzi	副
1365	一些	yīxiē	
1366	一样	yīyàng	形
1367	一直	yīzhí	副

1368	衣服	yīfu	名
1369	医生	yīshēng	名
1370	医院	yīyuàn	名
1371	已经	yǐjīng	副
1372	以	yǐ	介、连
1373	以后	yǐhòu	名
1374	以前	yǐqián	名
1375	以为	yǐwéi	动
1376	椅子	yǐzi	名
1377	亿	yì	数
1378	艺术	yìshù	名
1379	意见	yìjiàn	名
1380	意思	yìsi	名
1381	意外	yìwài	形、名
1382	意义	yìyì	名
1383	因此	yīncǐ	连
1384	因为	yīnwèi	连、介
1385	阴	yīn	形
1386	音乐	yīnyuè	名
1387	银行	yínháng	名
1388	引起	yǐnqǐ	动
1389	饮料	yǐnliào	名
1390	印象	yìnxiàng	名
1391	应该	yīnggāi	助动
1392	英文	Yīngwén	名
1393	英语	Yīngyǔ	名
1394	赢	yíng	动
1395	影响	yǐngxiǎng	名、动
1396	硬	yìng	形

1397	永远	yǒngyuǎn	副
1398	勇敢	yǒnggǎn	形
1399	用	yòng	动
1400	优点	yōudiǎn	名
1401	优秀	yōuxiù	形
1402	幽默	yōumò	形
1403	尤其	yóuqí	副
1404	由	yóu	介
1405	由于	yóuyú	介
1406	邮局	yóujú	名
1407	油	yóu	名
1408	游戏	yóuxì	名
1409	游泳	yóuyǒng	动
1410	友好	yǒuhǎo	形
1411	友谊	yǒuyì	名
1412	有	yǒu	动
1413	有的	yǒude	代
1414	有点儿	yǒudiǎnr	副
1415	有名	yǒumíng	形
1416	有趣	yǒuqù	形
1417	有时 / 有时候	yǒushí/ yǒushíhou	副
1418	有些	yǒuxiē	代
1419	有意思	yǒu yìsi	
1420	又	yòu	副
1421	右边 / 右面	yòubian/ yòumiàn	名
1422	于是	yúshì	连
1423	鱼	yú	名
1424	愉快	yúkuài	形

1425	与	yǔ	介、连
1426	羽毛球	yǔmáoqiú	名
1427	雨	yǔ	名
1428	语法	yǔfǎ	名
1429	语言	yǔyán	名
1430	预习	yùxí	动
1431	遇到	yùdào	动
1432	元	yuán	量
1433	元旦	Yuándàn	名
1434	员	yuán	尾
1435	原来	yuánlái	形、副、名
1436	原谅	yuánliàng	动
1437	原因	yuányīn	名
1438	圆	yuán	形、名
1439	远	yuǎn	形
1440	愿意	yuànyì	助动、动
1441	约会	yuēhuì	动
1442	月	yuè	名
1443	月亮	yuèliang	名
1444	阅读	yuèdú	动
1445	越	yuè	副
1446	越……越……	yuè……yuè……	
1447	越来越……	yuè lái yuè……	
1448	云	yún	名
1449	允许	yǔnxǔ	动
1450	运动	yùndòng	名、动
1451	杂志	zázhì	名
1452	再	zài	副
1453	再见	zàijiàn	动
1454	在	zài	介、动、副
1455	咱们	zánmen	代
1456	暂时	zànshí	形
1457	脏	zāng	形
1458	糟糕	zāogāo	形
1459	早	zǎo	形、副
1460	早晨 / 早上	zǎochen/zǎoshang	名
1461	早饭	zǎofàn	名
1462	责任	zérèn	名
1463	怎么	zěnme	代
1464	怎么样	zěnmeyàng	代
1465	怎样	zěnyàng	代
1466	增加	zēngjiā	动
1467	增长	zēngzhǎng	动
1468	窄	zhǎi	形
1469	展览	zhǎnlǎn	动
1470	占	zhàn	动
1471	站	zhàn	动
1472	站	zhàn	名
1473	张	zhāng	量、动
1474	长	zhǎng	动
1475	掌握	zhǎngwò	动
1476	丈夫	zhàngfu	名
1477	着	zháo	动
1478	着急	zháojí	形
1479	找	zhǎo	动

1480	照	zhào	动、介
1481	照顾	zhàogù	动
1482	照片	zhàopiàn	名
1483	照相	zhàoxiàng	动
1484	照相机	zhàoxiàngjī	名
1485	这	zhè	代
1486	这里 / 这儿	zhèlǐ/zhèr	代
1487	这么	zhème	代
1488	这些	zhèxiē	代
1489	这样	zhèyàng	代
1490	着	zhe	助
1491	真	zhēn	形、副
1492	真正	zhēnzhèng	形、副
1493	整理	zhěnglǐ	动
1494	整齐	zhěngqí	形
1495	正	zhèng	副、形
1496	正常	zhèngcháng	形
1497	正好	zhènghǎo	形、副
1498	正确	zhèngquè	形
1499	正式	zhèngshì	形
1500	正在	zhèngzài	副
1501	证件	zhèngjiàn	名
1502	证明	zhèngmíng	动、名
1503	政府	zhèngfǔ	名
1504	支	zhī	量
1505	支持	zhīchí	动
1506	支付	zhīfù	动
1507	只	zhī	量
1508	知道	zhīdào	动

1509	知识	zhīshi	名
1510	直接	zhíjiē	形
1511	值得	zhídé	动
1512	职业	zhíyè	名
1513	植物	zhíwù	名
1514	只	zhǐ	副
1515	只好	zhǐhǎo	副
1516	只要	zhǐyào	连
1517	只有	zhǐyǒu	连
1518	纸	zhǐ	名
1519	指	zhǐ	动
1520	至少	zhìshǎo	副
1521	制造	zhìzào	动
1522	质量	zhìliàng	名
1523	中	zhōng	名
1524	中国	Zhōngguó	名
1525	中间	zhōngjiān	名
1526	中文	Zhōngwén	名
1527	中午	zhōngwǔ	名
1528	中学	zhōngxué	名
1529	终于	zhōngyú	副
1530	钟	zhōng	名
1531	钟头	zhōngtóu	名
1532	种	zhǒng	量
1533	种	zhòng	动
1534	重	zhòng	形
1535	重点	zhòngdiǎn	名、副
1536	重视	zhòngshì	动
1537	重要	zhòngyào	形

1538	周	zhōu	名
1539	周末	zhōumò	名
1540	周围	zhōuwéi	名
1541	猪	zhū	名
1542	逐渐	zhújiàn	副
1543	主动	zhǔdòng	形
1544	主要	zhǔyào	形
1545	主意	zhǔyi	名
1546	住	zhù	动
1547	住院	zhùyuàn	动
1548	注意	zhùyì	动
1549	祝	zhù	动
1550	祝贺	zhùhè	动
1551	著名	zhùmíng	形
1552	抓	zhuā	动
1553	专门	zhuānmén	形
1554	专业	zhuānyè	名
1555	转	zhuǎn	动
1556	赚	zhuàn	动
1557	装	zhuāng	动
1558	状态	zhuàngtài	名
1559	准备	zhǔnbèi	动
1560	准确	zhǔnquè	形
1561	准时	zhǔnshí	形
1562	桌子	zhuōzi	名
1563	仔细	zǐxì	形
1564	自己	zìjǐ	代
1565	自然	zìrán	名、形
1566	自信	zìxìn	动
1567	自行车	zìxíngchē	名
1568	字	zì	名
1569	总结	zǒngjié	动、名
1570	总是	zǒngshì	副
1571	走	zǒu	动
1572	租	zū	动
1573	足球	zúqiú	名
1574	组织	zǔzhī	动、名
1575	祖国	zǔguó	名
1576	嘴	zuǐ	名
1577	最	zuì	副
1578	最好	zuìhǎo	副
1579	最后	zuìhòu	名
1580	最近	zuìjìn	名
1581	尊重	zūnzhòng	动
1582	遵守	zūnshǒu	动
1583	昨天	zuótiān	名
1584	左边 / 左面	zuǒbian/ zuǒmiàn	名
1585	左右	zuǒyòu	名
1586	作	zuò	动
1587	作家	zuòjiā	名
1588	作业	zuòyè	名
1589	作用	zuòyòng	名、动
1590	作者	zuòzhě	名
1591	坐	zuò	动
1592	座	zuò	量
1593	座位	zuòwèi	名
1594	做	zuò	动

第三章　基础汉语语法大纲

一、词类

1.1名词

【一般名词】

妈妈、教室、词典、出租车、水平、精神

【时间名词】

年、月、日、星期、小时、今天、去年

【方位名词】

上、下、左、右、前、后、东、西、南、北、里、外、中

~边、~面、对面、中间、旁边

★ 名词重叠：年年、月月、天天、人人、家家

★ 时间的表达

时点：2021 年 1 月 1 日星期五

时段：一年、一个月、两个星期

1.2 代词

【人称代词】

我、你、您、他、她、它、咱、我们、你们、他们、她们、它们、咱们、大家、自己、别人

【指示代词】

这、那、这儿、这里、那儿、那里、这么、那么、这些、那些、这样、那样、每、各、其他、别的、有的、有些、其次、任何、一切

【疑问代词】

谁、什么、哪、哪儿、哪里、多少、几、怎么、怎么样、怎样

他是谁？

你吃什么？

你们哪天来？

你去哪儿？

图书馆在哪里？

你们班有多少个学生？

今天星期几？

你们怎么去车站？

那个饭店怎么样？

你想怎样做？

1.3 动词

【一般动词】

看、写、打、参观、爱、想、喜欢、希望、像、姓、在、进行

★ 动词重叠：看看、看一看、看了看，学习学习

【能愿动词】

会、想、要、能、可以、应该、愿意、可能、必须、敢

你会说汉语吗？

我想七月去上海旅行。

放假的时候你要回国吗？

我今天有课，不能跟你一起去博物馆。

这里不可以拍照。

你应该在这里排队。

【趋向动词】

	上	下	进	出	回	过	起
来	上来	下来	进来	出来	回来	过来	起来
去	上去	下去	进去	出去	回去	过去	

【离合词】

跑步、游泳、见面、结婚、离婚、睡觉、考试、唱歌、跳舞、洗澡

我跑完步就回宿舍了。

我打算下课以后去游个泳。

我来北京以后，我们见过一次面。

他们是去年结的婚。

1.4 形容词

【一般形容词】

大、高、难、安静、漂亮、干净、高兴

★ 形容词重叠：大大、高高、干干净净、高高兴兴

1.5 数词

零、一、二、三、四、五、六、七、八、九、十、百、千、万、亿、两、半、许多

★ 序数的表达：第一、第十

★ 概数的表达：三十多、二三十个、一百来天

1.6 量词

【名量词】

个、把、杯、本、层、封、件、句、口、辆、门、篇、条、位、页、张、支、只、种、双、些、点、斤、公斤、里、公里、米、段、分、角、刻、块、岁、元、场、顿、朵、份、棵、群、台、座

【动量词】

次、回、下、遍、趟

★ 量词重叠：个个、本本、句句、次次

★ 数量短语：一本、一封

去了一趟、读一遍

1.7 副词

【否定副词】

不、没、别、不用

【程度副词】

很、太、非常、最、更、特别、多么（多）、极其、几乎、真、十分、好、稍微、比较、挺、尤其、有点儿

【范围副词】

都、一起、一共、只、一块儿、到处、至少

【时间副词】

正在、在、刚、刚刚、经常、常常、已经、就、才、马上、先、然后、一直、总是、终于、曾经、往往、从来、偶尔、忽然、按时、首先、永远

【语气副词】

当然、一定、必须、到底、究竟、果然、竟然、难道、千万、还是、最好、也许、差点儿、恐怕、大约、其实、只好

【频率副词】

再、又、还、也、重新

1.8 介词

【引出时间、处所、方向】

当、在、从、往、向、以、由、随着

当妈妈到家的时候，我正在写作业。

我在北京学中文。

我从星期一到星期五都有课。

你往前走五十米就到了。

他正在向我们走来。

我们可以由南门进入。

【引出对象】

对、比、给、跟、和、离、对于、关于

他对孩子要求很高。

他比我高。

我给你们介绍一下。

老师跟我们讲过这个故事。

哥哥和朋友去上海旅游了。

那个超市离我们学校不远。

对于这件事，我了解得很少。

【引出工具、手段】

通过、以

【引出目的、原因】

为、为了、由于、由

看到你的成绩，我们都为你高兴。

为了你的健康，你应该少吃一些甜食。

由于天气的原因，今天的活动取消了。

【引出施事、受事】

把、被、让、叫

请大家把书打开。

衣服被我弄脏了。

我的词典让朋友借走了。

手机叫我弄坏了。

【引出依据】

根据、按照

我们根据她的说明找到了那个饭店。

按照计划，我们今天要学完第10课。

【表示排除和加合】

除了

除了星期五和周末，我每天都有课。

除了香蕉，我还吃了面包。

1.9 连词

【连接词或短语】

和、跟、或者、还是、与

我买了面包和水果。

我的爸爸跟妈妈都是医生。

我们可以星期六或者星期日去。

你今天上午有口语课还是综合课？

老师与学生都可以参加这项比赛。

【连接分句或句子】

虽然、但是、可是、不过、如果、要是、那么、因为、所以、不但、不仅、而且、因此、不管、不论、即使、只要、既然、并且、而、否则、尽管、然而、甚至、无论、于是

1.10 助词

【结构助词】

的、得、地

★“的”的意义：标志前边是定语。

老师的书、我的本子、漂亮的衣服

我买的词典、穿红衣服的学生

这本书是我的。

★“得”的意义：标志后边是补语。

他汉语说得很流利。

同学们兴奋得跳了起来。

这个教室坐得下30个人吗？

★“地”的意义：标志前边是状语。

妈妈高兴地说：“周末我们去旅游。”

【动态助词】

了、着、过

★“了”的用法：表完成或实现。

暑假我回国了。

我吃了两个包子。

我下了课就回家。

★“着”的用法：表进行、持续、状态或方式。

外边下着雨。

门关着，灯开着。

我喜欢躺着看书。

★“过”的用法：表经验。

我去过北京。

【语气助词】

了、呢、吧、吗、啊

★“了”的用法：表示变化。

我会骑自行车了。

冬天来了。

★“呢”的用法：

（1）表示进行：我在吃饭呢。

（2）表示询问：他是美国人，小王呢？

我的帽子呢？

你去不去呢？

★“吧”的用法：用在陈述句末尾表示猜测、同意等语气。

★“吗”的用法：用在是非问句末尾表示疑问。

你是中国人吗？

【其他助词】

等

我买了牛奶、面包、水果等。

二、句类

2.1 陈述句

我是留学生。

汉语比较难。

2.2 疑问句

【是非疑问句】

你会说汉语吗？

【正反疑问句】

你有没有词典？

你去不去上海？

【选择疑问句】

你喝茶还是喝咖啡？

【特指疑问句】

你是哪国人？

你去哪儿？

这是什么？

【反问句】

今天没有课，你不知道吗？

我怎么知道？

2.3 祈使句

请坐！

咱们快点儿走吧！

2.4 感叹句

太漂亮了！

他长得真高啊！

这件衣服真好看！

三、句子成分及句型

3.1 句子成分

【主语】

我吃米饭。

今天星期三。

【谓语】

这件不贵。

他来过。

【宾语】

我买了一本书。

【定语】

老师的书　　便宜的衣服　　姐姐买的书

【状语】

我们明天去。

我在北京学习。

她高兴地说："谢谢！"

【补语】

程度补语

冷得很　大得多　深极了　容易多了

状态补语

洗得很干净　考得不好

她的汉语说得非常好。

他忙得连自己的生日都忘了。

结果补语

吃完　学会　听懂　做好　放在桌子上　送到门口　寄给我

可能补语

听不懂　看得见　去不了　吃得完

数量补语

写了三个小时　去过两次　大一岁

趋向补语

买回　爬上　带过来　提进去　站起来

前边走来了一个人。

他拿出来一本书。

3.2 句型

【动词谓语句】

我们学习汉语。

我看书看了三个小时。

【形容词谓语句】

我很忙。

我不累。

【名词谓语句】

今天星期天。

他十八岁了。

【主谓谓语句】

他身体不太好。

烟我不抽了。

四、特殊句式

4.1“是”字句

我是学生，我不是老师。

4.2“有”字句

我有一个哥哥，我没有姐姐。

4.3 连动句

我去超市买点儿东西。

我们坐火车去。

4.4 兼语句

老师让大家说说自己的爱好。

我请同学们去我家。

4.5 比较句

我比你高。

我哥哥比我大两岁 / 一点儿 / 得多。

我没有 / 不如他高。

我跟你一样高。

他写汉字比我写得好。

4.6“把”字句

我把钥匙放在桌子上了。

我把自行车借给大卫了。

请把书翻到第 3 页。

请把汉语翻译成英语。

请把黑板擦干净。

我把礼物从书包里拿了出来。

大卫把房间打扫得很干净。

4.7“被”字句

我的手机被我摔坏了。

4.8“是……的”句

我是坐飞机来的。

我爸爸是昨天来的中国。

4.9 双宾语句

他送我一本书。

老师教我们口语课。

4.10 存现句

学校外边有两家银行。

银行在超市西边。

超市西边就是银行。

墙上挂着一张地图。

五、固定格式

1. 越来越……	我的汉语越来越好。
2. 越……越……	雨越下越大。
3. 一……就……	我一到北京就给你打电话。
4. 一……也 / 都……	刚来中国的时候，我一个朋友也没有。
5. 连……也 / 都……	这个问题连老师也不会。
6. 又……又……	坐火车又方便又便宜。
7. 当……时 / 的时候	当我遇到困难时，他总是热情地帮助我。 当我遇到困难的时候，他总是热情地帮助我。
8. 对……来说	对我来说，汉字不太难。
9. 要……了	要下雨了。
10. 一边……一边……	他一边跑步一边听音乐。
11. 最好不要 / 别……	你最好别吃完饭就跑步。
12. 从来没有 / 不……	我从来没有去过美国。
13. 祝 + 你……	祝你生日快乐！
14. 挺……的	她今天穿的衣服挺漂亮的。
15. ……极了	今天天气好极了！
16. 对……感兴趣	我对京剧很感兴趣。
17. 对……有好处	抽烟对身体没有好处。

六、复句

6.1 递进复句

不但 / 不仅……，而且……

她不但聪明，而且漂亮。

不仅他会说汉语，而且玛丽也会说汉语。

6.2 转折复句

虽然 / 尽管……，但是 / 可是 / 然而 / 不过……

虽然我今天不舒服，但是我还是来上课了。

尽管我没有去过那个地方，可是我听说过。

6.3 因果复句

因为……，所以……

因为头疼，所以昨天我没来上课。

之所以……，是因为……

我昨天之所以没来上课，是因为头疼。

……，于是 / 因此……

大卫想买一些水果，因此下课后我们去了水果店。

由于……，……

由于头疼，昨天我没来上课。

既然……，就……

既然你喜欢她，就应该告诉她。

6.4 条件复句

无论 / 不论 / 不管……，都 / 也……

无论你是老师还是学生，都应该准时上课。

不管这件事有多难，我们都会想办法完成的。

只有……，才……

只有多读多练，才能学好汉语。

只要……，就……

只要多读多练，就能学好汉语。

6.5 假设复句

如果 / 要是……（的话），就……

如果明天下雨（的话），我们就不去动物园了。

……，否则……

我们快点儿走吧，否则可能会迟到。

6.6 让步复句

即使……，也……

即使你不说，我也知道你的口袋里有什么。

6.7 承接复句

先……，再 / 然后 / 接着……，最后……

这节课我们先学习生词，然后学习语法，最后学习课文。

6.8 解说复句

……换句话说 / 也就是说……

下个星期我们就毕业了，也就是说，我们很快就要分别了。

6.9 并列复句

不是……，而是……

这不是我的词典，而是大卫的词典。

6.10 选择复句

不是……，就是……

他不是中国人，就是日本人。

6.11 目的复句

为（了）……，……

为了通过 HSK 考试，我每天都做很多练习。

第四章　经贸汉语教学大纲

一、课程基本信息

课程名称： 经贸汉语

课程类别： 必修

总 学 时： 54 学时（第二学期）

适用对象： 准备进入经贸类专业学习的具有高中毕业以上（含高中毕业）学历的外国留学生

先修课程： 预科基础汉语

推荐教材： 钱玉莲 主编，《经贸汉语阅读教程》，北京：北京语言大学出版社，2012 年 2 月。

二、课程性质与目标

经贸汉语是来华留学生预科阶段的一门重要课程，是预科生在中国学习经贸类专业课的重要基础。

本课程的主要目标是培养来华留学预科生在经贸方面的基础汉语知识和汉语交际能力，基本消除其学习经贸类专业课程的语言障碍，为其专业课的学习提供必要的语言支撑。

三、教学内容与要求

本课程精选收入与消费、价格与价值、供给与需求、垄断与竞争、GDP 与 GNP、成本与利润、经济危机与通货膨胀、经济全球化、宏观调控、恩格尔系数与消费结构、社会保障、国际贸易、海关与关税、货币与汇率、保险、广告与营销、股份公司、跨国公司共 18 个经贸类科普专题。其中，必修专题为：收入与消费、价格与价值、供给与需求、垄断与竞争、GDP 与 GNP、成本与利润、经济危机与通货膨胀、恩格尔系数与消费结构、货币与汇率、保险；选修专题为：经济全球化、宏观调控、社会保障、国际贸易、海关与关税、广告与营销、股份公司、跨国公司。

教学要求为：零起点学生完成必修的 10 个专题，非零起点学生完成全部 18 个专题。学完本课程后，学生应能做到：正确理解并基本掌握 118 个经贸类专业词语（见附录 2）及常用表达式（见附录 4），基本掌握相关专题的基本概念，熟悉普及性经贸专业基础知识。

四、教学方法与建议

本课程的教学以课堂讲授为主，辅以适当的课后练习。课文及每课的生词与语法须精讲精练；专业基础知识与词汇须精讲，使学生能较为准确地掌握；练习部分教师可根据具体的教学情况详讲或略讲。

五、教学进度与课时安排

本部分内容仅供参考，各院校可以按照自己的教学进度和学生水平进行调整。

表1 经贸汉语学时分配（零起点）

<table>
<tr><th>周别（每周3学时）</th><th>教学专题</th><th>备注</th></tr>
<tr><td>第一周、第二周前 2 学时</td><td>第一课　收入与消费</td><td rowspan="10">本课程每课都由学习目标、热身、略读、课文、生词、学习普通词语、学习常用表达式、学习专业词语、学习课文、阅读与讨论、扩展与阅读 11 个部分组成。课堂教学以课文学习为主。其中“阅读与讨论”及“扩展与阅读”可根据具体情况做出调整，既可作为课堂教学的材料，也可作为学生课后自学的延伸阅读材料。</td></tr>
<tr><td>第二周后 1 学时、第三周、第四周前 1 学时</td><td>第二课　价格与价值</td></tr>
<tr><td>第四周后 2 学时、第五周</td><td>第三课　供给与需求</td></tr>
<tr><td>第六周、第七周前 2 学时</td><td>第四课　垄断与竞争</td></tr>
<tr><td>第七周后 1 学时、第八周、第九周前 1 学时</td><td>第五课　GDP 与 GNP</td></tr>
<tr><td>第十周后 2 学时、第十一周</td><td>第六课　成本与利润</td></tr>
<tr><td>第十二周、第十三周前 2 学时</td><td>第七课　经济危机与通货膨胀</td></tr>
<tr><td>第十三周后 1 学时、第十四周、第十五周前 1 学时</td><td>第十课　恩格尔系数与消费结构</td></tr>
<tr><td>第十五周后 2 学时、第十六周</td><td>第十四课　货币与汇率</td></tr>
<tr><td>第十七周、第十八周前 2 学时</td><td>第十五课　保险</td></tr>
</table>

表2　经贸汉语学时分配（非零起点）

周别	教学专题	备注
第一周	第一课　收入与消费	本课程每课都由学习目标、热身、略读、课文、生词、学习普通词语、学习常用表达式、学习专业词语、学习课文、阅读与讨论、扩展与阅读11个部分组成。课堂教学以课文学习为主。其中“阅读与讨论”及“扩展与阅读”可根据具体情况做出调整，既可作为课堂教学的材料，也可作为学生课后自学的延伸阅读材料。
第二周	第二课　价格与价值	
第三周	第三课　供给与需求	
第四周	第四课　垄断与竞争	
第五周	第五课　GDP与GNP	
第六周	第六课　成本与利润	
第七周	第七课　经济危机与通货膨胀	
第八周	第八课　经济全球化	
第九周	第九课　宏观调控	
第十周	第十课　恩格尔系数与消费结构	
第十一周	第十一课　社会保障	
第十二周	第十二课　国际贸易	
第十三周	第十三课　海关与关税	
第十四周	第十四课　货币与汇率	
第十五周	第十五课　保险	
第十六周	第十六课　广告与营销	
第十七周	第十七课　股份公司	
第十八周	第十八课　跨国公司	

说明：第二学期一共18周，零起点学生共计完成10课，非零起点学生可按照一周一课的安排完成十八课的全部内容。期中考试和期末考试不占用上课时间。

六、课程考试与成绩评定

考核方式：闭卷笔试。学生统一参加中国政府奖学金本科来华留学生预科教育结业考试。

附录 1：经贸汉语教学专题

一、必修专题（10 个）

第一课　收入与消费

第二课　价格与价值

第三课　供给与需求

第四课　垄断与竞争

第五课　GDP 与 GNP

第六课　成本与利润

第七课　经济危机与通货膨胀

第十课　恩格尔系数与消费结构

第十四课　货币与汇率

第十五课　保险

二、选修专题（8 个）

第八课　经济全球化

第九课　宏观调控

第十一课　社会保障

第十二课　国际贸易

第十三课　海关与关税

第十六课　广告与营销

第十七课　股份公司

第十八课　跨国公司

附录 2：经贸汉语专业词语表（必修部分）*

A 类词（HSK4～HSK6）

序号	词条	拼音
1	保险	bǎoxiǎn
2	财富	cáifù
3	产品	chǎnpǐn
4	成本	chéngběn
5	出口	chūkǒu
6	储备	chǔbèi
7	储蓄	chǔxù
8	贷款	dàikuǎn
9	倒闭	dǎobì
10	兑换	duìhuàn
11	分配	fēnpèi
12	供给	gōngjǐ
13	行业	hángyè
14	合同	hétong
15	汇率	huìlǜ
16	价格	jiàgé
17	价值	jiàzhí
18	交易	jiāoyì
19	进口	jìnkǒu
20	竞争	jìngzhēng
21	亏损	kuīsǔn
22	利润	lìrùn
23	利息	lìxī
24	利益	lìyì
25	垄断	lǒngduàn
26	企业	qǐyè
27	失业	shīyè
28	市场	shìchǎng
29	收入	shōurù
30	收益	shōuyì
31	投入	tóurù
32	投资	tóuzī
33	消费	xiāofèi
34	销售	xiāoshòu
35	需求	xūqiú
36	盈利	yínglì
37	原料	yuánliào
38	支出	zhīchū
39	资本	zīběn

* 仅必修部分词语将 A 类词（HSK4 ～ HSK6）、B 类词（A 类词 + X 或者 X + A 类词）、C 类词（其他）分列，选修部分词语不再区分。

B类词（A类词＋X或者X＋A类词）

序号	词条	拼音
1	保险标的	bǎoxiǎn biāodì
2	保险费	bǎoxiǎnfèi
3	保险合同	bǎoxiǎn hétong
4	保险金	bǎoxiǎnjīn
5	保险人	bǎoxiǎnrén
6	保险责任	bǎoxiǎn zérèn
7	被保险人	bèibǎoxiǎnrén
8	边际成本	biānjì chéngběn
9	财产保险	cáichǎn bǎoxiǎn
10	非价格竞争	fēijiàgé jìngzhēng
11	浮动汇率	fúdòng huìlǜ
12	个人消费	gèrén xiāofèi
13	供给量	gōngjǐliàng
14	固定汇率	gùdìng huìlǜ
15	合同有效期	hétong yǒuxiàoqī
16	货币供给	huòbì gōngjǐ
17	价值规律	jiàzhí guīlǜ
18	精神消费	jīngshén xiāofèi
19	竞争力	jìngzhēnglì

序号	词条	拼音
20	均衡市场	jūnhéng shìchǎng
21	可支配收入	kězhīpèi shōurù
22	垄断市场	lǒngduàn shìchǎng
23	买方市场	mǎifāng shìchǎng
24	卖方市场	màifāng shìchǎng
25	社会总体消费	shèhuì zǒngtǐ xiāofèi
26	市场经济	shìchǎng jīngjì
27	收入预期	shōurù yùqī
28	投资政策	tóuzī zhèngcè
29	物质消费	wùzhì xiāofèi
30	消费结构	xiāofèi jiégòu
31	消费类型	xiāofèi lèixíng
32	消费量	xiāofèiliàng
33	消费者	xiāofèizhě
34	消费总体	xiāofèi zǒngtǐ
35	需求量	xūqiúliàng
36	总收益	zǒngshōuyì

C 类词（其他）

序号	词条	拼音
1	比率	bǐlǜ
2	贬值	biǎnzhí
3	长期成本	chángqī chéngběn
4	出售	chūshòu
5	促销	cùxiāo
6	短期成本	duǎnqī chéngběn
7	恩格尔系数	Ēngé'ěr xìshù
8	复苏	fùsū
9	个别劳动时间	gèbié láodòng shíjiān
10	供求	gōngqiú
11	供应商	gōngyìngshāng
12	购买	gòumǎi
13	国力	guólì
14	国民生产总值	guómín shēngchǎn zǒngzhí
15	国内生产总值	guónèi shēngchǎn zǒngzhí
16	过剩	guòshèng
17	兼并	jiānbìng
18	金融资产	jīnróng zīchǎn
19	经济补偿	jīngjì bǔcháng
20	经济危机	jīngjì wēijī
21	劳动生产率	láodòng shēngchǎnlǜ
22	利率	lìlǜ
23	买方	mǎifāng
24	卖方	màifāng
25	上涨	shàngzhǎng
26	社会必要劳动时间	shèhuì bìyào láodòng shíjiān
27	社会平均劳动强度	shèhuì píngjūn láodòng qiángdù
28	社会平均劳动熟练程度	shèhuì píngjūn láodòng shúliàn chéngdù
29	社会生产条件	shèhuì shēngchǎn tiáojiàn
30	升值	shēngzhí
31	生产力	shēngchǎnlì
32	生产者	shēngchǎnzhě
33	生活水平	shēnghuó shuǐpíng
34	收支	shōuzhī
35	通货膨胀	tōnghuò péngzhàng
36	投保人	tóubǎorén
37	物价	wùjià
38	下跌	xiàdiē
39	优胜劣汰	yōushèng-liètài
40	余额	yú'é
41	预支	yùzhī
42	增幅	zēngfú
43	折旧	zhéjiù

附录3：经贸汉语专业词语表（选修部分）

序号	词条	拼音
1	本票	běnpiào
2	财政收入	cáizhèng shōurù
3	财政政策	cáizhèng zhèngcè
4	产品	chǎnpǐn
5	储备	chǔbèi
6	单一经营	dānyī jīngyíng
7	董事会	dǒngshìhuì
8	多种经营	duōzhǒng jīngyíng
9	分销	fēnxiāo
10	分销商	fēnxiāoshāng
11	分支机构	fēnzhī jīgòu
12	风险	fēngxiǎn
13	福利	fúlì
14	股东	gǔdōng
15	股份公司	gǔfèn gōngsī
16	股票	gǔpiào
17	关税	guānshuì
18	广告	guǎnggào
19	国际化	guójìhuà
20	国际贸易	guójì màoyì
21	国际市场	guójì shìchǎng
22	国民经济	guómín jīngjì
23	国内市场	guónèi shìchǎng
24	海关	hǎiguān
25	宏观经济	hóngguān jīngjì
26	宏观调控	hóngguān tiáokòng

序号	词条	拼音
27	汇付	huìfù
28	汇票	huìpiào
29	货币	huòbì
30	结算	jiésuàn
31	经济总量	jīngjì zǒngliàng
32	经营	jīngyíng
33	竞争优势	jìngzhēng yōushì
34	跨国公司	kuàguó gōngsī
35	劳务	láowù
36	流通	liútōng
37	贸易差额	màoyì chā'é
38	贸易额	màoyì'é
39	贸易量	màoyìliàng
40	贸易逆差	màoyì nìchā
41	贸易平衡	màoyì pínghéng
42	贸易顺差	màoyì shùnchā
43	目标市场	mùbiāo shìchǎng
44	目标消费群	mùbiāo xiāofèiqún
45	目标消费者	mùbiāo xiāofèizhě
46	纳税	nàshuì
47	纳税人	nàshuìrén
48	票据	piàojù
49	品牌	pǐnpái
50	品牌推广	pǐnpái tuīguǎng
51	全球化	quánqiúhuà
52	社会保险	shèhuì bǎoxiǎn

53	社会保障	shèhuì bǎozhàng
54	社会保障制度	shèhuì bǎozhàng zhìdù
55	生产要素	shēngchǎn yàosù
56	生育保险	shēngyù bǎoxiǎn
57	失业保险	shīyè bǎoxiǎn
58	世界贸易组织	shìjiè màoyì zǔzhī
59	市场	shìchǎng
60	市场定位	shìchǎng dìngwèi
61	市场机制	shìchǎng jīzhì
62	托付	tuōfù
63	效益	xiàoyì
64	信用证	xìnyòngzhèng
65	行政手段	xíngzhèng shǒuduàn
66	养老	yǎnglǎo
67	养老保险	yǎnglǎo bǎoxiǎn
68	医疗保险	yīliáo bǎoxiǎn
69	营销	yíngxiāo
70	营销策略	yíngxiāo cèlüè
71	优化配置	yōuhuà pèizhì
72	债券	zhàiquàn
73	债务	zhàiwù
74	账目	zhàngmù
75	征收	zhēngshōu
76	支付凭证	zhīfù píngzhèng
77	指标	zhǐbiāo
78	注册	zhùcè
79	资源配置	zīyuán pèizhì
80	子公司	zǐgōngsī
81	自主权	zìzhǔquán
82	总额	zǒng'é
83	总公司	zǒnggōngsī

附录 4：经贸汉语常用表达式

一、必修部分：

1. ……和……相关（1）
2. ……，反之，……（1）
3. 由……决定（2）
4. 从……来看，……（2）
5. ……，而……（3）
6. ……V./Adj. + 于……（3）
7. ……，从而……（4）
8. 在……的作用下，……（4）
9. ……比……更……（5）
10. 凡是……，都……（5）
11. ……并（不是 / 没有）……（6）
12. ……反而……（6）
13. ……，长此以往，……（7）
14. ……称之为……（7）
15. ……，即……（10）
16. 在……的情况下，……（10）
17. 随着……，……（14）
18. 之所以……，是因为……（14）
19. 以……为……（15）
20. 一旦……，就……（15）

二、选修部分：

1. ……，尤其……（8）
2. 一方面……，另一方面……（8）
3. 在……下（9）
4. 不是……，而是……（9）
5. 由……组成（11）
6. ……，其中……（11）
7. 要么……，要么……（12）
8. 以……为主（12）
9. 一是……，二是……（13）
10. 按……可分为……（13）
11. ……是……之一（16）
12. ……则……（16）
13. 除了……，还……（17）
14. 和……相比，……（17）
15. 由……向……（18）
16. 为……提供……条件（18）

附录5：经贸汉语扩展词语表（必修部分）

序号	词条	拼音
1	保障	bǎozhàng
2	本身	běnshēn
3	比例	bǐlì
4	必不可少	bìbùkěshǎo
5	必然	bìrán
6	必要	bìyào
7	变动	biàndòng
8	便利	biànlì
9	表现	biǎoxiàn
10	波动	bōdòng
11	不利	búlì
12	不同	bùtóng
13	财产	cáichǎn
14	差距	chājù
15	产量	chǎnliàng
16	产品	chǎnpǐn
17	长期	chángqī
18	常驻	chángzhù
19	承担	chéngdān
20	程度	chéngdù
21	持续	chíxù
22	处理	chǔlǐ
23	处于	chǔyú
24	创造	chuàngzào
25	刺激	cìjī
26	大量	dàliàng
27	大于	dàyú
28	单位	dānwèi
29	当前	dāngqián
30	倒闭	dǎobì
31	等于	děngyú
32	地区	dìqū
33	地位	dìwèi
34	动荡	dòngdàng
35	动力	dònglì
36	发行	fāxíng
37	反而	fǎn'ér
38	反映	fǎnyìng
39	反之	fǎnzhī
40	费用	fèiyong
41	风险	fēngxiǎn
42	负担	fùdān
43	富裕	fùyù
44	改善	gǎishàn
45	概念	gàiniàn
46	公布	gōngbù
47	公民	gōngmín
48	公平	gōngpíng
49	构成	gòuchéng
50	规律	guīlǜ
51	国籍	guójí
52	国土	guótǔ

53	过	guò	84	面积	miànjī
54	合理	hélǐ	85	难免	nánmiǎn
55	衡量	héngliáng	86	赔偿	péicháng
56	环节	huánjié	87	贫穷	pínqióng
57	活动	huódòng	88	平均	píngjūn
58	获得	huòdé	89	破坏	pòhuài
59	获胜	huòshèng	90	普遍	pǔbiàn
60	机构	jīgòu	91	期限	qīxiàn
61	基本	jīběn	92	其	qí
62	疾病	jíbìng	93	签订	qiāndìng
63	给付	jǐfù	94	强度	qiángdù
64	计算	jìsuàn	95	人寿	rénshòu
65	季度	jìdù	96	融合	rónghé
66	减	jiǎn	97	如何	rúhé
67	减少	jiǎnshǎo	98	丧失	sàngshī
68	减小	jiǎnxiǎo	99	上升	shàngshēng
69	降低	jiàngdī	100	升高	shēnggāo
70	进行	jìnxíng	101	生效	shēngxiào
71	就业	jiùyè	102	实物	shíwù
72	决定	juédìng	103	寿命	shòumìng
73	均衡	jūnhéng	104	水平	shuǐpíng
74	劳动	láodòng	105	速度	sùdù
75	利用	lìyòng	106	随着	suízhe
76	例外	lìwài	107	损害	sǔnhài
77	联合	liánhé	108	损失	sǔnshī
78	联系	liánxì	109	所谓	suǒwèi
79	率	lǜ	110	提高	tígāo
80	满足	mǎnzú	111	条款	tiáokuǎn
81	矛盾	máodùn	112	通行	tōngxíng
82	密切	mìqiè	113	通用	tōngyòng
83	免不了	miǎnbuliǎo	114	统计	tǒngjì

115	统一	tǒngyī
116	温饱	wēnbǎo
117	物质	wùzhì
118	下降	xiàjiàng
119	相对	xiāngduì
120	相关	xiāngguān
121	相应	xiāngyìng
122	项	xiàng
123	小康	xiǎokāng
124	小于	xiǎoyú
125	行为	xíngwéi
126	需要	xūyào
127	宣传	xuānchuán
128	严重	yánzhòng
129	一致	yízhì
130	一般来说	yìbān lái shuō
131	因而	yīn'ér
132	因素	yīnsù
133	由	yóu
134	有利	yǒulì

135	有效	yǒuxiào
136	预期	yùqī
137	原则	yuánzé
138	约定	yuēdìng
139	运输	yùnshū
140	遭到	zāodào
141	造成	zàochéng
142	则	zé
143	责任	zérèn
144	增加	zēngjiā
145	增强	zēngqiáng
146	争取	zhēngqǔ
147	支配	zhīpèi
148	制定	zhìdìng
149	重心	zhòngxīn
150	转移	zhuǎnyí
151	状况	zhuàngkuàng
152	总	zǒng
153	总体	zǒngtǐ
154	组	zǔ

附录6：经贸汉语扩展词语表（选修部分）

序号	词条	拼音
1	扮演	bànyǎn
2	保持	bǎochí
3	保健	bǎojiàn
4	不过	búguò
5	补偿	bǔcháng
6	不知不觉	bùzhī-bùjué
7	部门	bùmén
8	财政	cáizhèng
9	采取	cǎiqǔ
10	策略	cèlüè
11	长寿	chángshòu
12	成立	chénglì
13	成员	chéngyuán
14	传送	chuánsòng
15	从而	cóng’ér
16	促进	cùjìn
17	打动	dǎdòng
18	大型	dàxíng
19	单一	dānyī
20	定位	dìngwèi
21	对象	duìxiàng
22	发挥	fāhuī
23	法规	fǎguī
24	范围	fànwéi
25	方向盘	fāngxiàngpán
26	纺织	fǎngzhī

序号	词条	拼音
27	分支	fēnzhī
28	服从	fúcóng
29	符合	fúhé
30	根据	gēnjù
31	功能	gōngnéng
32	沟通	gōutōng
33	固定	gùdìng
34	规定	guīdìng
35	国际化	guójìhuà
36	国境	guójìng
37	过程	guòchéng
38	含	hán
39	化工	huàgōng
40	环境	huánjìng
41	活跃	huóyuè
42	机遇	jīyù
43	机制	jīzhì
44	即	jí
45	技术	jìshù
46	加剧	jiājù
47	加强	jiāqiáng
48	监督	jiāndū
49	兼	jiān
50	检疫	jiǎnyì
51	建立	jiànlì
52	交换	jiāohuàn

53	禁止	jìnzhǐ	83	实行	shíxíng
54	具有	jùyǒu	84	事实	shìshí
55	决策	juécè	85	树立	shùlì
56	角色	juésè	86	死亡	sǐwáng
57	控制	kòngzhì	87	体系	tǐxì
58	快速	kuàisù	88	调节	tiáojié
59	流动	liúdòng	89	挑战	tiǎozhàn
60	命令	mìnglìng	90	统计分析	tǒngjì fēnxī
61	目标	mùbiāo	91	统治	tǒngzhì
62	目的	mùdì	92	突出	tūchū
63	女性	nǚxìng	93	推动	tuīdòng
64	赔	péi	94	推广	tuīguǎng
65	配置	pèizhì	95	维护	wéihù
66	平衡	pínghéng	96	无处不在	wúchùbúzài
67	凭证	píngzhèng	97	息息相关	xīxī-xiāngguān
68	潜在	qiánzài	98	限度	xiàndù
69	亲情	qīnqíng	99	限制	xiànzhì
70	情感	qínggǎn	100	心理	xīnlǐ
71	渠道	qúdào	101	行政	xíngzhèng
72	全球	quánqiú	102	形式	xíngshì
73	全球化	quánqiúhuà	103	医疗	yīliáo
74	缺陷	quēxiàn	104	义务	yìwù
75	日益	rìyì	105	优化	yōuhuà
76	融合	rónghé	106	优势	yōushì
77	伤残	shāngcán	107	运用	yùnyòng
78	审美	shěnměi	108	灾害	zāihài
79	生育	shēngyù	109	暂时	zànshí
80	石油	shíyóu	110	增长	zēngzhǎng
81	时期	shíqī	111	展示	zhǎnshì
82	实力	shílì	112	战略	zhànlüè

113	整体	zhěngtǐ	118	追求	zhuīqiú
114	政策	zhèngcè	119	资源	zīyuán
115	知名度	zhīmíngdù	120	自动	zìdòng
116	壮大	zhuàngdà	121	综合	zōnghé
117	状态	zhuàngtài	122	总量	zǒngliàng

第五章　科技汉语教学大纲

一、课程基本信息

课程名称：科技汉语

课程类别：必修

总 学 时：96学时（第二学期）

适用对象：准备进入理工类专业学习的具有高中毕业以上（含高中毕业）学历的外国留学生

先修课程：预科基础汉语

推荐教材：[1] 白晓红 主编，《科技汉语读写教程》，北京：北京语言大学出版社，2012年2月。

[2] 韩志刚 主编，《科技汉语听说教程》，北京：北京语言大学出版社，2012年2月。

二、课程性质与目标

本课程是为来华留学预科生开设的从基础汉语课程向数理化课程过渡的专门汉语课程，属于语言课而非数理化知识课。本课程的教学目标是为来华留学预科生学习数理化课程提供最基础的汉语知识及能力支撑。重点教授科技汉语常用词语、基本句式及常用表达范畴等，培养学生最基本的科技汉语能力及相关的自主学习能力，为其数理化等专业课程的学习奠定初步的汉语基础。

三、教学内容与要求

3.1 教学内容

本课程以科技汉语语言知识与应用技能、学习策略等为主要教学内容，以第二语言教学理论与学习理论为指导，综合多种教学模式和教学手段完成教学。

本课程包括读写与听说两个部分，具体教学内容如下：

《科技汉语读写教程》

数学符号、常用表达式、简单数理关系、常用数学图形及图形间的关系、定义与说明、位置与方向、运算与操作、指令与要求、分类与举例、变换解释（说明）。

《科技汉语听说教程》

数学符号、常用表达式、简单数理关系、常用数学图形及图形间的关系、定义与说明、位置与方向、运算与操作、指令与要求、分类与举例、变换解释（说明）。

3.2 教学要求

3.2.1 总体要求

针对学生的具体情况，科技汉语的教学要求可分为两个层次，即一般要求和较高要求。

一般要求：具备初步的科技汉语知识和能力，借助工具书能基本看懂简单的科技文章，听懂有关科技知识的简单的汉语表述。（所有学生经过本课程的学习与实践，必须达到本要求。）

较高要求：读懂一般的科技文章，掌握更多数理化基础词汇，能听懂有关科技知识的一般的汉语表述。（学有余力、汉语水平较高的学生，应达到这一要求。）

3.2.2 具体说明

一般要求：在听力理解能力方面，能大致听懂数理化课堂上基本的汉语教学语言，能掌握材料的中心大意，抓住要点；能运用基本的听力技巧帮助理解。在口语表达能力方面，能在学习过程中用汉语交流所学内容，能就科技话题进行简单交谈；经准备后，能就所熟悉的科技话题做简短发言，并做到表达比较清楚，语音、语调基本正确。在阅读理解能力方面，能够借助工具书基本读懂内容简单的汉语科技文章，阅读速度达到每分钟 50 ～ 60 个词；能够运用有效的阅读方法帮助阅读。在书面表达能力方面，能用比较规范的科技汉语语体表述数理化等课程中的基本概念、定理，以及解题或实验过程，并做到内容基本正确。

较高要求：在听力理解能力方面，能够听懂数理化课堂上的教学内容和简单的知识讲座；能听懂题材熟悉的科技语音材料；能掌握中心大意，抓住要点。在口语表达能力方面，能够进行比较流利的会话，较好地掌握会话策略；能就科技话题表达个人意见、观点等，并做到表达清楚，语音、语调基本正确。在阅读理解能力方面，能基本读懂一般科普题材的文章；能就阅读材料进行略读或寻读；能够基本读懂简单的专业书籍，并能正确理解中心大意，抓住要点和有关细节。在书面表达能力方面，熟悉常用科技文章格式的汉语表达，能借助参考资料写出与专业相关、结构基本清晰的短文；能描写各种图表，并做到内容完整、条理清楚、文理通顺。

四、教学方法与建议

预科基础汉语课程为本课程的先修课程。本课程开始之前，学生应进行过 300 个课时的基础汉语学习，掌握汉语的基本发音，掌握约 600 个常用词语，了解一部分最基本的汉语语法知识和常用句式，能运用汉语进行简单的日常会话，具备基本的汉字书写能力。

本课程于预科学年第二学期开设，本课程开课后，相应的数理化课程也同时开设，与本课程并行，直至预科学习阶段结束。本课程教学时可采用讲练结合的形式，在每一课的听说、读写两部分教学结束后，对生词、课文中的重点句式等进行听写检查，另外，建议每三课教学结束后另设阶段性测试以考查学生的掌握情况。

在本课程的实际教学中，应遵循以下原则：

一、重视学生进入专业学习的实际需要，注重训练学生的听写、阅读能力（包括做课堂笔记、记录讲话要点的能力和查找、阅读、摘抄有关资料的能力等)，强化科技汉语词汇的学习。

二、采用多种教学形式，主要包括：课堂教学、课下学习与课后辅导。本课程应采用以课堂教学为主、课下学习和课后辅导为辅的教学模式，坚持分类要求和因材施教的原则。

三、在听、说、读、写四种能力的培养中，着重强调听课能力和阅读科技文章能力的培养和训练。

四、坚持循序渐进的教学原则。

五、正确处理基础汉语与科技汉语的关系，突出科技汉语的语体特点；正确处理科技汉语与数理化课程的关系，突出语言教学的特点。

六、妥善处理测试和教学的关系，以测试促教学。

七、采用多种教学方法，充分利用现代化教学手段。

八、搞好第二课堂教学，营造良好的语言学习环境。

五、教学进度与课时安排

科技汉语课程教学学时分配

课程名称	周学时	总学时
科技汉语读写	4	64
科技汉语听说	2	32

六、课程考试与成绩评定

考核方式：闭卷笔试。学生统一参加中国政府奖学金本科来华留学生预科教育结业考试。

附录：科技汉语常用词语 *

序号	词条	拼音
1	按	àn
2	搬运	bānyùn
3	半径	bànjìng
4	薄板 *	báo bǎn
5	保持	bǎochí
6	边	biān
7	边长	biāncháng
8	变换	biànhuàn
9	标 *	biāo
10	表面	biǎomiàn
11	表明	biǎomíng
12	玻璃	bōli
13	不断	búduàn
14	不等于	bù děngyú
15	材料	cáiliào
16	测量	cèliáng
17	差	chā
18	查出	cháchū
19	长方形	chángfāngxíng
20	称	chēng
21	称为	chēngwéi
22	成分	chéngfèn
23	呈	chéng
24	乘（以）	chéng(yǐ)
25	盛	chéng

序号	词条	拼音
26	抽象	chōuxiàng
27	除（以）	chú(yǐ)
28	处在	chǔzài
29	传送	chuánsòng
30	垂直	chuízhí
31	次	cì
32	从而	cóng'ér
33	达到	dádào
34	大气	dàqì
35	大气层	dàqìcéng
36	大小	dàxiǎo
37	大于	dàyú
38	代入	dàirù
39	代数式	dàishùshì
40	单位	dānwèi
41	单位制	dānwèizhì
42	倒回	dàohuí
43	倒置	dàozhì
44	等边	děngbiān
45	等式	děngshì
46	等腰	děngyāo
47	等于	děngyú
48	地壳	dìqiào
49	电磁力	diàncílì
50	电子	diànzǐ

* 词表中加“*”的为扩展词语。

51	顶	dǐng	82	盖	gài
52	定理	dìnglǐ	83	各有不同	gè yǒu bù tóng
53	定则	dìngzé	84	根	gēn
54	动力	dònglì	85	根号	gēnhào
55	读法	dúfǎ	86	公共点	gōnggòngdiǎn
56	读作	dúzuò	87	公式	gōngshì
57	度	dù	88	功	gōng
58	度量	dùliàng	89	共同	gòngtóng
59	端点	duāndiǎn	90	固体	gùtǐ
60	对边	duìbiān	91	惯性	guànxìng
61	对称	duìchèn	92	过	guò
62	对称轴	duìchènzhóu	93	过程	guòchéng
63	钝角	dùnjiǎo	94	海洋	hǎiyáng
64	反比例	fǎnbǐlì	95	含	hán
65	反应	fǎnyìng	96	含量	hánliàng
66	反之	fǎnzhī	97	含有	hányǒu
67	方程	fāngchéng	98	航行	hángxíng
68	方式	fāngshì	99	毫升	háoshēng
69	方向	fāngxiàng	100	合	hé
70	放大	fàngdà	101	合并	hébìng
71	放大镜	fàngdàjìng	102	合成	héchéng
72	放置	fàngzhì	103	合力	hélì
73	沸腾	fèiténg	104	和	hé
74	分类	fēnlèi	105	衡量	héngliáng
75	分数	fēnshù	106	互为	hùwéi
76	分析	fēnxī	107	挥发	huīfā
77	封闭	fēngbì	108	混合	hùnhé
78	符号	fúhào	109	混合体	hùnhétǐ
79	俯角	fǔjiǎo	110	机械	jīxiè
80	负	fù	111	机械运动	jīxiè yùndòng
81	该	gāi	112	积	jī

113	即	jí	144	括号	kuòhào
114	计算	jìsuàn	145	类	lèi
115	计算器	jìsuànqì	146	理论	lǐlùn
116	记作	jìzuò	147	理由	lǐyóu
117	加（上）	jiā(shang)	148	力	lì
118	假定	jiǎdìng	149	立方	lìfāng
119	假设 *	jiǎshè	150	例外	lìwài
120	减	jiǎn	151	例子	lìzi
121	简称	jiǎnchēng	152	量	liàng
122	碱	jiǎn	153	量度	liángdù
123	建筑	jiànzhù	154	临边	línbiān
124	箭头	jiàntóu	155	菱形	língxíng
125	箭尾	jiànwěi	156	楼顶	lóudǐng
126	将	jiāng	157	陆地	lùdì
127	交点	jiāodiǎn	158	铝块	lǚkuài
128	角	jiǎo	159	率	lǜ
129	结论	jiélùn	160	轮船	lúnchuán
130	解	jiě	161	落	luò
131	介于……之间	jièyú……zhī jiān	162	满足	mǎnzú
132	金属	jīnshǔ	163	美化	měihuà
133	仅	jǐn	164	面积	miànjī
134	静止	jìngzhǐ	165	名称	míngchēng
135	酒精	jiǔjīng	166	命名	mìngmíng
136	绝对值	juéduìzhí	167	摩擦	mócā
137	均匀	jūnyún	168	摩擦力	mócālì
138	克	kè	169	木材	mùcái
139	刻度尺	kèdùchǐ	170	木星	mùxīng
140	空气	kōngqì	171	内角	nèijiǎo
141	捆	kǔn	172	牛顿	niúdùn
142	扩大	kuòdà	173	抛	pāo
143	扩散	kuòsàn	174	平方	píngfāng

175	平分	píngfēn
176	平面	píngmiàn
177	平行	píngxíng
178	平行四边形	píngxíng sìbiānxíng
179	起点	qǐdiǎn
180	起重机	qǐzhòngjī
181	气体	qìtǐ
182	汽	qì
183	汽化	qìhuà
184	汽油	qìyóu
185	千克	qiānkè
186	前提	qiántí
187	且	qiě
188	曲线	qūxiàn
189	全程	quánchéng
190	确定	quèdìng
191	燃烧	ránshāo
192	绕	rào
193	热胀冷缩	rèzhàng-lěngsuō
194	人类	rénlèi
195	融化	rónghuà
196	锐角	ruìjiǎo
197	若	ruò
198	三角形	sānjiǎoxíng
199	商	shāng
200	上方	shàngfāng
201	射线	shèxiàn
202	升	shēng
203	生成	shēngchéng
204	生锈	shēngxiù
205	绳子	shéngzi
206	失去	shīqù
207	实数	shíshù
208	实验	shíyàn
209	视线	shìxiàn
210	受	shòu
211	受力	shòulì
212	属于 *	shǔyú
213	竖	shù
214	竖直	shùzhí
215	数值	shùzhí
216	水滴	shuǐdī
217	搜集	sōují
218	搜索	sōusuǒ
219	酸	suān
220	算式	suànshì
221	缩小	suōxiǎo
222	所	suǒ
223	弹力	tánlì
224	特殊	tèshū
225	体积	tǐjī
226	天平	tiānpíng
227	调节	tiáojié
228	铁块	tiěkuài
229	同类项	tónglèixiàng
230	桶	tǒng
231	推	tuī
232	推理 *	tuīlǐ
233	外压	wàiyā
234	微小	wēixiǎo
235	未知数	wèizhīshù
236	位置	wèizhì

237	温度计	wēndùjì
238	文档	wéndàng
239	稳定	wěndìng
240	无	wú
241	无穷	wúqióng
242	物体	wùtǐ
243	物质	wùzhì
244	洗涤	xǐdí
245	系数	xìshù
246	系统	xìtǒng
247	下方	xiàfāng
248	下滑	xiàhuá
249	下落	xiàluò
250	线	xiàn
251	线段	xiànduàn
252	相互	xiānghù
253	相交	xiāngjiāo
254	相离	xiānglí
255	相切	xiāngqiē
256	向	xiàng
257	消	xiāo
258	小于	xiǎoyú
259	斜交	xiéjiāo
260	斜面	xiémiàn
261	形式	xíngshì
262	形态	xíngtài
263	形状 *	xíngzhuàng
264	性质	xìngzhì
265	须	xū
266	悬挂 *	xuánguà
267	旋转	xuánzhuǎn
268	选	xuǎn
269	压力	yālì
270	压强	yāqiáng
271	沿	yán
272	仰角	yǎngjiǎo
273	液体	yètǐ
274	移项	yíxiàng
275	已知	yǐzhī
276	亦	yì
277	应用 *	yìngyòng
278	有理数	yǒulǐshù
279	有向	yǒuxiàng
280	余弦	yúxián
281	元	yuán
282	元素	yuánsù
283	原子	yuánzǐ
284	圆	yuán
285	约等于	yuē děngyú
286	月球	yuèqiú
287	运算	yùnsuàn
288	则	zé
289	增大	zēngdà
290	张力	zhānglì
291	整数	zhěngshù
292	正	zhèng
293	正方形	zhèngfāngxíng
294	正弦	zhèngxián
295	之	zhī
296	支持力	zhīchílì
297	支出 *	zhīchū
298	直角	zhíjiǎo

299	直线	zhíxiàn
300	指向	zhǐxiàng
301	中点	zhōngdiǎn
302	终点	zhōngdiǎn
303	重力	zhònglì
304	重心	zhòngxīn
305	周	zhōu
306	周长 *	zhōucháng
307	周围	zhōuwéi
308	注明	zhùmíng
309	专题	zhuāntí
310	砖	zhuān
311	状态 *	zhuàngtài
312	组	zǔ
313	做功	zuògōng

第六章　医学汉语教学大纲

一、课程基本信息

课程名称： 医学汉语

课程类别： 必修

总 学 时： 96学时（第二学期）

适用对象： 准备进入医学类专业学习的具有高中毕业以上（含高中毕业）学历的外国留学生

先修课程： 预科基础汉语

推荐教材： [1] 王军 主编，《西医汉语听说教程》，北京：北京语言大学出版社，2013 年 3 月。

[2] 王军 主编，《西医汉语读写教程》，北京：北京语言大学出版社，2014 年 1 月。

二、课程性质与目标

本课程适用于来华学习医学及相关专业、已接受不少于 540 学时基础汉语课程教学的外国留学生，旨在帮助学习者掌握医学汉语的基本词汇和常用表达方式，以及学习医学专业所需的汉语听说读写技能，为其顺利入系接受本科教育打下良好的基础。

本课程是来华留学生进入中国大学医学专业学习之前的预备课程，旨在为其专业学习打下汉语基础和专业基础。在完成本课程的学习后，学生应该基本能听懂中国大学医学本科课程教师的课堂讲授，并具备分析、理解医学基础文献的能力。

三、教学内容与要求

本课程包括读写和听说两部分，读写部分以“人体解剖学”的专业内容为线索，听说部分以相应的医院科室分类为线索。读写部分与听说部分的词汇和内容互相补充，注重复现，以提高学生在特定医学领域的汉语综合技能。本课程共分 15 个单元，其中 10 个为必修单元，5 个为选修单元。

必修单元主要内容如下：

表1　必修单元教学内容

序号	读写部分	听说部分	涉及的医学知识
单元1	血液系统	血液内科	血液的组成成分
单元2	循环系统	心内科	心脏与血液循环
单元3	皮肤	皮肤科	常见皮肤疾病的名称
单元4	骨组织	骨外科	人体骨骼的成分
单元5	呼吸系统	呼吸内科	人体呼吸器官的名称
单元6	消化系统	消化科	人体消化器官和消化液的名称
单元7	神经系统	神经内科	神经系统常见疾病的名称
单元8	泌尿系统	泌尿内/外科	人体泌尿器官的名称
单元9	内分泌系统	内分泌科	人体各内分泌腺的名称
单元10	精神卫生	精神卫生中心	常见精神疾病的名称

选修单元主要内容如下：

表2　选修单元教学内容

序号	读写部分	听说部分	涉及的医学知识
单元1	免疫系统	风湿科	人体免疫系统的常见疾病
单元2	视器	眼科	眼球的组成结构
单元3	前庭蜗器	耳鼻喉科	人体前庭蜗器各组成部分的名称
单元4	生殖技术	妇产科	与生殖技术相关的医学词汇
单元5	生殖系统	生殖科	人体生殖系统各器官的名称

通过本课程的学习，学生应掌握以下知识或技能：

一、掌握499个医学基础词汇，其中要求能够认读、理解和应用的复用式词汇228个，要求能够认读、理解的领会式词汇271个。

二、具备基本的专业学习能力，能够基本听懂中国大学医学本科课程教师的教学用语及医学用语，能够记录或在课本上画出教师讲授的重点内容，能够从专业书籍中查找关键信息、概括总结专业知识点等。

四、教学方法与建议

采用任务教学模式和功能教学模式设计教学活动，如要求学生写病历、解答健康热线咨询问题、进行饮食习惯调查等，使学生在真实情境中完成实际任务。

有针对性地提高学生的专业学习能力，如在专业课堂上的听说能力、专业文献的阅读能力，以及画重点、记笔记的能力等。

有意识地培养学生的自主学习能力，如帮助学生梳理医学汉语常用构词法，使学生能够举一反三；通过课堂讨论等形式，提高学生学习的主动性等。

重视专业课堂体验活动，通过模拟专业课堂、观摩专业教学录像、现场听课等方式，使学生对专业学习有切身体会。

因材施教，根据学生的实际水平，科学、灵活地调整教学内容和教学进度，对基础薄弱的学生只要求掌握基本内容；对基础较好的学生，教学内容可适当延伸、深化。

五、教学进度与课时安排

本课程建议在预科阶段第二学期开设，学期时长18周，除去期末考试周和专业课堂体验周，共16个教学周。本课程每周设6学时，总计96学时。平均每个必修单元安排8学时，读写部分6学时，听说部分2学时；期中复习考试4学时，期末复习6学时，机动课时6学时，总计96学时。选修单元所用学时可根据学生水平和学习需求灵活安排。

教学内容的具体安排是：每个必修单元读写部分选取2篇课文，听说部分选取1篇课文，在课堂上讲解、学习，其他课文由学生自主学习。

具体教学进度安排如表3所示：

表3　教学进度表

周次	教学内容	周次	教学内容
第1周	1. 读写第1课　课文1 2. 读写第1课　课文2 3. 复习巩固	第6周	复习巩固、机动学时
第2周	1. 读写第2课　课文3 2. 听说第1课　课文2 3. 读写第2课　课文1	第7周	1. 读写第6课　课文1 2. 读写第6课　课文2 3. 读写第6课　课文3
第3周	1. 读写第2课　课文3 2. 听说第2课　课文1 3. 复习巩固	第8周	1. 听说第6课　课文1 2. 读写第7课　课文1 3. 读写第7课　课文2
第4周	1. 读写第4课　课文1 2. 读写第4课　课文2 3. 听说第3课　课文1	第9周	1. 听说第7课　课文1 2. 期中复习 3. 期中考试
第5周	1. 读写第5课　课文1 2. 读写第5课　课文2 3. 听说第5课　课文1	第10周	1. 读写第8课　课文1 2. 读写第8课　课文2

续表

周次	教学内容	周次	教学内容
第 11 周	1. 听说第 8 课　课文 2 2. 读写第 11 课　课文 1 3. 读写第 11 课　课文 2	第 15 周	集中复习
第 12 周	1. 听说第 11 课　课文 1 2. 读写第 14 课　课文 1 3. 读写第 14 课　课文 2	第 16 周	集中复习
第 13 周	1. 听说第 14 课　课文 2 2. 读写第 15 课　课文 1 3. 读写第 15 课　课文 2	第 17 周	复习备考
第 14 周	1. 听说第 15 课　课文 1 2. 医学汉语词汇复习	第 18 周	复习备考

六、课程考试与成绩评定

考核方式：闭卷笔试。学生统一参加中国政府奖学金本科来华留学生预科教育结业考试。

附录 1：医学汉语词汇表——复用式词汇 *

序号	词条	拼音	序号	词条	拼音
1	安眠药	ānmiányào	25	胆汁	dǎnzhī
2	氨基酸	ānjīsuān	26	蛋白质	dànbáizhì
3	白细胞	báixìbāo	27	低血糖	dīxuètáng
4	白血病	báixuèbìng	28	典型	diǎnxíng
5	暴饮暴食	bàoyǐn-bàoshí	29	定期	dìngqī
6	鼻毛	bímáo	30	动脉	dòngmài
7	鼻腔	bíqiāng	31	动脉硬化	dòngmài yìnghuà
8	鼻塞	bísè	32	毒副反应	dú-fù fǎnyìng
9	比例	bǐlì	33	堵塞	dǔsè
10	病变	bìngbiàn	34	断裂	duànliè
11	病毒	bìngdú	35	对症治疗	duìzhèng zhìliáo
12	波动	bōdòng	36	恶化	èhuà
13	残疾	cánjí	37	二氧化碳	èryǎnghuàtàn
14	察觉	chájué	38	发病	fābìng
15	肠炎	chángyán	39	发病率	fābìnglǜ
16	肠液	chángyè	40	发烧	fāshāo
17	成分	chéngfèn	41	发生率	fāshēnglǜ
18	传染	chuánrǎn	42	发育	fāyù
19	刺激	cìjī	43	发作	fāzuò
20	猝发	cùfā	44	繁殖	fánzhí
21	猝死	cùsǐ	45	反复	fǎnfù
22	大肠	dàcháng	46	反应	fǎnyìng
23	胆结石	dǎnjiéshí	47	肺	fèi
24	胆囊	dǎnnáng	48	肺癌	fèi'ái

* 复用式词汇：要求学生能够认读、理解和应用的词汇。

49	肺炎	fèiyán	79	灰尘	huīchén
50	废物	fèiwù	80	肌肉	jīròu
51	分泌	fēnmì	81	激素	jīsù
52	服用	fúyòng	82	急性	jíxìng
53	副作用	fùzuòyòng	83	急诊	jízhěn
54	钙	gài	84	记忆力	jìyìlì
55	肝	gān	85	检测	jiǎncè
56	感染	gǎnrǎn	86	减退	jiǎntuì
57	高峰	gāofēng	87	健忘	jiànwàng
58	高血压	gāoxuèyā	88	降压药	jiàngyāyào
59	高血脂	gāoxuèzhī	89	结石	jiéshí
60	更年期	gēngniánqī	90	近视	jìnshì
61	骨骼	gǔgé	91	颈部	jǐngbù
62	骨髓	gǔsuǐ	92	颈椎病	jǐngzhuībìng
63	骨头	gǔtou	93	静脉	jìngmài
64	骨折	gǔzhé	94	就诊	jiùzhěn
65	关节	guānjié	95	抗生素	kàngshēngsù
66	冠心病	guānxīnbìng	96	抗原	kàngyuán
67	光滑	guānghuá	97	溃疡	kuìyáng
68	过敏	guòmǐn	98	扩张	kuòzhāng
69	含量	hánliàng	99	老化	lǎohuà
70	毫克	háokè	100	老年斑	lǎoniánbān
71	呼吸道	hūxīdào	101	流感	liúgǎn
72	化学物质	huàxué wùzhì	102	麻	má
73	化验	huàyàn	103	慢性	mànxìng
74	化验单	huàyàndān	104	毛细血管	máoxì-xuèguǎn
75	怀孕	huáiyùn	105	门诊	ménzhěn
76	坏死	huàisǐ	106	免疫	miǎnyì
77	缓解	huǎnjiě	107	难受	nánshòu
78	患者	huànzhě	108	脑出血	nǎochūxuè

109	脑细胞	nǎoxìbāo
110	脑炎	nǎoyán
111	排除	páichú
112	皮肤	pífū
113	皮炎	píyán
114	疲劳	píláo
115	脾	pí
116	贫血	pínxuè
117	频率	pínlǜ
118	平均值	píngjūnzhí
119	葡萄糖	pútaotáng
120	器官	qìguān
121	抢救	qiǎngjiù
122	青春期	qīngchūnqī
123	青霉素	qīngméisù
124	清除	qīngchú
125	清醒	qīngxǐng
126	情绪	qíngxù
127	取样	qǔyàng
128	缺乏	quēfá
129	确诊	quèzhěn
130	软骨	ruǎngǔ
131	嗓子	sǎngzi
132	神经	shénjīng
133	肾	shèn
134	肾结石	shènjiéshí
135	肾炎	shènyán
136	生理	shēnglǐ
137	食道	shídào
138	适量	shìliàng
139	适应	shìyìng
140	嗜睡	shìshuì
141	收缩	shōusuō
142	输血	shūxuè
143	输液	shūyè
144	数值	shùzhí
145	衰老	shuāilǎo
146	睡眠	shuìmián
147	弹性	tánxìng
148	痰	tán
149	糖尿病	tángniàobìng
150	提醒	tíxǐng
151	体检	tǐjiǎn
152	体力	tǐlì
153	体温	tǐwēn
154	脱发	tuōfà
155	脱落	tuōluò
156	唾液	tuòyè
157	网瘾	wǎngyǐn
158	维生素	wéishēngsù
159	胃酸	wèisuān
160	胃炎	wèiyán
161	胃液	wèiyè
162	无机盐	wújīyán
163	物质	wùzhì
164	吸收	xīshōu
165	细胞	xìbāo
166	细菌	xìjūn
167	下肢	xiàzhī
168	先天性	xiāntiānxìng

169	纤毛	xiānmáo	199	氧气	yǎngqì
170	显著	xiǎnzhù	200	痒	yǎng
171	消化	xiāohuà	201	样本	yàngběn
172	小肠	xiǎocháng	202	腰	yāo
173	哮喘	xiàochuǎn	203	仪器	yíqì
174	心电图	xīndiàntú	204	遗传	yíchuán
175	心房	xīnfáng	205	抑郁症	yìyùzhèng
176	心肌缺血	xīnjī quēxuè	206	营养	yíngyǎng
177	心肌炎	xīnjīyán	207	硬化	yìnghuà
178	心脑血管	xīn-nǎo xuèguǎn	208	有毒	yǒudú
179	心脏病	xīnzàngbìng	209	预防	yùfáng
180	新陈代谢	xīnchén-dàixiè	210	孕妇	yùnfù
181	胸腔	xiōngqiāng	211	占	zhàn
182	血管	xuèguǎn	212	胀	zhàng
183	血管壁	xuèguǎnbì	213	胀痛	zhàngtòng
184	血红蛋白	xuèhóng dànbái	214	真菌	zhēnjūn
185	血检	xuèjiǎn	215	诊断	zhěnduàn
186	血浆	xuèjiāng	216	正常值	zhèngchángzhí
187	血栓	xuèshuān	217	正规	zhèngguī
188	血糖	xuètáng	218	症状	zhèngzhuàng
189	血压	xuèyā	219	脂肪	zhīfáng
190	血液	xuèyè	220	止疼药	zhǐténgyào
191	血脂	xuèzhī	221	止血	zhǐxuè
192	循环	xúnhuán	222	治疗	zhìliáo
193	循环系统	xúnhuán xìtǒng	223	中耳炎	zhōng'ěryán
194	牙齿	yáchǐ	224	肿	zhǒng
195	咽	yān	225	肿大	zhǒngdà
196	炎症	yánzhèng	226	专家	zhuānjiā
197	眼睑	yǎnjiǎn	227	咨询	zīxún
198	验血	yànxiě	228	阻塞	zǔsè

附录 2：医学汉语词汇表——领会式词汇 *

序号	词条	拼音
1	阿司匹林	āsīpǐlín
2	按摩	ànmó
3	疤痕	bāhén
4	斑点	bāndiǎn
5	瓣膜	bànmó
6	包扎	bāozā
7	绷带	bēngdài
8	避孕药	bìyùnyào
9	变态反应	biàntài fǎnyìng
10	便秘	biànmì
11	表皮	biǎopí
12	并发症	bìngfāzhèng
13	病灶	bìngzào
14	补血	bǔxuè
15	苍老	cānglǎo
16	操作	cāozuò
17	测定	cèdìng
18	查体	chátǐ
19	产后抑郁症	chǎnhòu yìyùzhèng
20	畅通	chàngtōng
21	潮热	cháorè
22	充血	chōngxuè
23	传播	chuánbō

序号	词条	拼音
24	传导	chuándǎo
25	磁共振	cígòngzhèn
26	刺激性	cìjīxìng
27	脆	cuì
28	脆弱	cuìruò
29	存活率	cúnhuólǜ
30	搭配	dāpèi
31	打嗝	dǎgé
32	大脑皮质	dànǎo pízhì
33	单纯	dānchún
34	蛋白尿	dànbáiniào
35	导管	dǎoguǎn
36	低落	dīluò
37	低血糖	dīxuètáng
38	滴	dī
39	第二性征	dì-èr xìngzhēng
40	癫痫	diānxián
41	吊针	diàozhēn
42	毒素	dúsù
43	蹲	dūn
44	乏力	fálì
45	反射	fǎnshè
46	放射性	fàngshèxìng

* 领会式词汇：要求学生能够认读、理解的词汇。

47	非特异性	fēitèyìxìng	77	化疗	huàliáo
48	肺活量	fèihuóliàng	78	怀疑	huáiyí
49	分解	fēnjiě	79	环保	huánbǎo
50	风湿	fēngshī	80	昏迷	hūnmí
51	封闭	fēngbì	81	机能	jīnéng
52	负荷	fùhè	82	肌肤	jīfū
53	复发	fùfā	83	基因突变	jīyīn tūbiàn
54	复位	fùwèi	84	激发	jīfā
55	复原	fùyuán	85	激光	jīguāng
56	感觉神经末梢	gǎnjué shénjīng mòshāo	86	激怒	jīnù
57	肛门	gāngmén	87	脊髓	jǐsuǐ
58	高尿酸	gāoniàosuān	88	脊柱	jǐzhù
59	高热量	gāorèliàng	89	忌	jì
60	概率	gàilǜ	90	甲亢	jiǎkàng
61	胳膊	gēbo	91	甲状腺	jiǎzhuàngxiàn
62	供血	gōngxuè	92	间隔	jiàngé
63	股骨头坏死	gǔgǔtou huàisǐ	93	健身	jiànshēn
64	骨架	gǔjià	94	箭头	jiàntóu
65	骨密度	gǔmìdù	95	胶原蛋白	jiāoyuán dànbái
66	骨外科	gǔwàikē	96	胶原纤维	jiāoyuán xiānwéi
67	骨质疏松症	gǔzhì shūsōngzhèng	97	焦虑	jiāolǜ
68	骨质增生	gǔzhì zēngshēng	98	角化	jiǎohuà
69	过度	guòdù	99	矫正	jiǎozhèng
70	过滤	guòlǜ	100	矫治	jiǎozhì
71	含化	hánhuà	101	脚踝	jiǎohuái
72	罕见	hǎnjiàn	102	接诊	jiēzhěn
73	汗腺	hànxiàn	103	节制	jiézhì
74	合并症	hébìngzhèng	104	结合	jiéhé
75	黑色素	hēisèsù	105	戒	jiè
76	后遗症	hòuyízhèng	106	精神分裂症	jīngshén fēnlièzhèng

107	酒瘾	jiǔyǐn	137	尿道	niàodào
108	局部	júbù	138	尿道炎	niàodàoyán
109	剧烈	jùliè	139	尿急	niàojí
110	均匀	jūnyún	140	尿检	niàojiǎn
111	抗原	kàngyuán	141	尿频	niàopín
112	空腹	kōngfù	142	尿液	niàoyè
113	滥用	lànyòng	143	凝固	nínggù
114	劳损	láosǔn	144	凝血	níngxuè
115	劳逸结合	láoyì-jiéhé	145	浓稠	nóngchóu
116	老年斑	lǎoniánbān	146	脓	nóng
117	老年痴呆症	lǎonián chīdāizhèng	147	呕吐	ǒutù
118	理疗	lǐliáo	148	排毒	páidú
119	临床	línchuáng	149	排泄	páixiè
120	磷	lín	150	皮屑	píxiè
121	灵敏度	língmǐndù	151	皮疹	pízhěn
122	颅骨	lúgǔ	152	疲乏感	pífágǎn
123	率	lǜ	153	偏食	piānshí
124	麻木	mámù	154	偏瘫	piāntān
125	麦芽糖	màiyátáng	155	频繁	pínfán
126	面颊	miànjiá	156	平衡	pínghéng
127	面瘫	miàntān	157	平卧	píngwò
128	耐受力	nàishòulì	158	强直性脊柱炎	qiángzhíxìng jǐzhùyán
129	囊肿	nángzhǒng	159	清淡	qīngdàn
130	脑梗塞	nǎogěngsè	160	躯体	qūtǐ
131	脑室	nǎoshì	161	缺氧	quēyǎng
132	脑瘫	nǎotān	162	瘙痒	sàoyǎng
133	脑血栓	nǎoxuèshuān	163	色素	sèsù
134	脑溢血	nǎoyìxuè	164	晒斑	shàibān
135	黏稠	niánchóu	165	上火	shànghuǒ
136	尿常规	niàochánggūi	166	摄入量	shèrùliàng

167	神经内科	shénjīng nèikē
168	神经衰弱	shénjīng shuāiruò
169	神经系统	shénjīng xìtǒng
170	神经炎	shénjīngyán
171	神经元	shénjīngyuán
172	神志不清	shénzhì-bùqīng
173	肾单位	shèndānwèi
174	肾上腺	shènshàngxiàn
175	生命垂危	shēngmìng chuíwēi
176	失眠	shīmián
177	石膏	shígāo
178	识别	shíbié
179	手腕儿	shǒuwànr
180	寿命	shòumìng
181	疏松	shūsōng
182	输尿管	shūniàoguǎn
183	衰退	shuāituì
184	栓塞	shuānsè
185	水溶性物质	shuǐróngxìng wùzhì
186	松弛	sōngchí
187	速效救心丸	sùxiào jiùxīnwán
188	碎石	suìshí
189	瘫痪	tānhuàn
190	弹力蛋白	tánlì dànbái
191	糖耐量	tángnàiliàng
192	挑食	tiāoshí
193	调节	tiáojié
194	通风	tōngfēng
195	吞咽	tūnyàn
196	外向	wàixiàng

197	旺盛	wàngshèng
198	萎缩	wěisuō
199	胃口	wèikǒu
200	污染物	wūrǎnwù
201	吸氧	xīyǎng
202	稀释	xīshì
203	膝盖	xīgài
204	系统	xìtǒng
205	下垂	xiàchuí
206	先兆	xiānzhào
207	纤维	xiānwéi
208	献血	xiàn xiě
209	腺	xiàn
210	相当	xiāngdāng
211	消耗	xiāohào
212	消化科	xiāohuàkē
213	消食	xiāoshí
214	硝酸甘油	xiāosuāngānyóu
215	心电监护	xīndiàn jiānhù
216	心肌梗塞	xīnjī gěngsè
217	心悸	xīnjì
218	心绞痛	xīnjiǎotòng
219	心力衰竭	xīnlì shuāijié
220	心律失常	xīnlǜ shīcháng
221	心室	xīnshì
222	心跳过速	xīntiào guòsù
223	心脏彩超	xīnzàng cǎichāo
224	芯片	xīnpiàn
225	辛辣	xīnlà
226	兴奋剂	xīngfènjì

227	性功能	xìnggōngnéng
228	胸闷	xiōngmèn
229	酗酒	xùjiǔ
230	血常规	xuèchángguī
231	血稠	xuèchóu
232	亚健康	yàjiànkāng
233	厌倦	yànjuàn
234	腰椎间盘突出	yāozhuījiānpán tūchū
235	胰岛素	yídǎosù
236	胰腺	yíxiàn
237	胰液	yíyè
238	疑似	yísì
239	引发	yǐnfā
240	隐患	yǐnhuàn
241	忧郁	yōuyù
242	油腻	yóunì
243	游走性	yóuzǒuxìng
244	有机质	yǒujīzhì
245	有氧运动	yǒuyǎng yùndòng
246	诱发	yòufā
247	预期	yùqī
248	愈合	yùhé
249	原则	yuánzé
250	月经	yuèjīng
251	孕妇	yùnfù
252	增生	zēngshēng
253	渣滓	zhāzǐ
254	真皮	zhēnpí
255	疹子	zhěnzi
256	震颤	zhènchàn
257	支撑	zhīchēng
258	指甲	zhǐjia
259	趾甲	zhǐjiǎ
260	治愈	zhìyù
261	中枢神经	zhōngshū shénjīng
262	肿瘤	zhǒngliú
263	肿胀	zhǒngzhàng
264	肘	zhǒu
265	皱纹	zhòuwén
266	注射	zhùshè
267	专利	zhuānlì
268	椎骨	zhuīgǔ
269	紫外线	zǐwàixiàn
270	综合征	zōnghézhēng
271	CT	CT

第七章　文科汉语教学大纲

一、课程基本信息

课程名称： 文科汉语

课程类别： 必修

总 学 时： 108 学时（第二学期）

适用对象： 准备进入文科类专业学习的具有高中毕业以上（含高中毕业）学历的外国留学生

先修课程： 预科基础汉语

推荐教材： 翟艳 主编，《大文科专业汉语综合教程》(上、下)，北京：北京语言大学出版社，2017 年 12 月。

二、课程性质与目标

本课程是为攻读文、史、哲等人文社科专业的来华留学预科生开设的专业汉语课程，内容涉及文学、哲学、法学、教育学、历史学、艺术学共 6 大学科门类的 15 个二级学科：汉语言文字学、中国古代文学、中国现当代文学、新闻学、传播学、法学理论、社会学、国际政治、国际关系、外交学、教育学原理、教育史、中国古代史、艺术学、美术学。本课程是预科教育阶段从通用汉语课程学习向本科专业课程学习的过渡，属于具有一定专业导向的语言类课程而非专业类课程，从通识教育与人文教育的角度介绍专业基本知识和概念，学习专业词汇，培养学生的专业学习适应性、专业学习习惯和通过语言获取专业知识的相关技能，为其本科专业学习奠定语言基础。

本课程目标如下：第一，使学生获取必要的专业基础知识。以专题学习的方式，使其了解相关学科领域的入门知识、基础专业词汇，形成对专业的初步认知。第二，帮助学生掌握必要的专业学习技能、方法与策略。以汉语作为获取知识的工具，培养其专业学习的语言技能。第三，提高学生的专业学习适应性，如：语体适应性，指通过专业汉语构词、句式、语篇的学习，习惯从日常交际语体向专业正式语体的转换；课堂适应性，即适应以教师讲授为主要方式的专业课堂教学，习惯教师板书和教师课堂语言；思维适应性，即从通用汉语学习的顺应性思维向专业学习的批判性思维过渡，为文科专业学习者的人文精神培养创造条件。

三、教学内容与要求

本课程的教学内容主要包括语言、文学、政治、法律、外交、历史、哲学等人文社科相关方面，重点讲练常用的专业词汇和句式，训练专业汉语听、说、读、写技能。在第一学期基础汉语学习的基础上，通过本课程的学习，使学生掌握 800 ～ 1000 个专业汉语词汇，逐渐适应专业汉语文章的语体与叙述方式，为听懂专业课打下基础。

课程内容以专题的形式交叉排列，共计 15 个单元，涉及 10 个专题。主要内容有：

（1）语言专题：汉语的特点、汉字的造字方法、谐音文化

（2）文学专题：中国四大名著

（3）法律专题：新《中华人民共和国老年人权益保障法》、著作权、法律与守法

（4）教育专题：高考

（5）国际政治专题：国际关系与国际关系学

（6）外交专题：中国的外交政策

（7）新闻专题：新闻的价值

（8）历史专题：丝绸之路——文明的桥梁、司马迁与《史记》

（9）哲学专题：老子的道家思想

（10）艺术专题：功夫片与中国电影

各单元由“课文 1 模块”（第 1、2 学时）、“课文 2 模块”（第 3、4 学时）、“综合运用模块”（第 5、6 学时）三个模块构成。其中，“课文 1 模块”是所在单元专业内容的导入，多为案例式文章，具有一定的专业启发性和讨论性，语言风格比较接近通用汉语，以听的方式切入；“课文 2 模块”是所在单元的核心模块，也是教学重点。选文侧重专业性，语体风格为书面语，以读的方式切入；“综合运用模块”基于课文 1 与课文 2 的内容，按照语言知识、语用功能与技能要求设计综合训练项目。

通过本课程的学习，学生应做到：

（1）能理解并运用专业词汇构词（常用语素、缩略等）、书面语句式（特定句式、修辞手法等）、语篇结构等，理解并适应正式语体的语言表达。

（2）能理解和解释专业知识或概念。

（3）具有从文本中获取关键信息、进行概括总结的能力。

（4）能认知和理解中国国情、文化与社会；能运用汉语言文化特有的情感态度、价值观念、思维模式等，产出符合文化规约的语言段落。

（5）积累从事专业学习所需的人文知识，具备人文素养。

四、教学方法与建议

本课程为专业汉语课，属语言教学，在教学上可采取以下方法：

（1）多媒体辅助教学。教学中使用与内容相关的多媒体材料进行适当讲解和讨论，为学生扫清可能遇到的障碍，引发学生的兴趣。同时，引导学生运用相关知识与所学词汇、句式进行综合讨论。

（2）词汇的整理与扩展。对每一课所学词汇尤其是重点专业词语进行整理，帮助学生识记，并进行相关的扩展，扩大学生的词汇量。

（3）教学实践活动。将课堂教学与课外活动结合起来，定期开展与专业内容相关的教学实践活动，使学生在真实的教学实践活动中活用所学知识和词汇，加深理解，开阔视野。

五、教学进度与课时安排

本课程必学、必考内容为以下 9 个单元：第一单元《汉语的特点》、第二单元《丝绸之路——文明的桥梁》、第三单元《新〈中华人民共和国老年人权益保障法〉》、第四单元《汉字的造字方法》、第五单元《高考》、第八单元《谐音文化》、第九单元《老子的道家思想》、第十单元《中国的外交政策》、第十三单元《国际关系与国际关系学》。

每单元建议 6 课时完成，其中，“课文 1 模块”“课文 2 模块”为必学内容；“综合运用模块”中的练习建议当堂完成，也可留作作业，“扩展阅读”部分是中高级水平学生的选用材料，对初级水平学生不做要求。

六、课程考试与成绩评定

考核方式：闭卷笔试。学生统一参加中国政府奖学金本科来华留学生预科教育结业考试。

附录：文科汉语词汇大纲 *

A 类词

序号	词条	拼音	词性
1	安慰	ānwèi	动
2	包含	bāohán	动
3	包括	bāokuò	动
4	保留	bǎoliú	动
5	保障	bǎozhàng	动、名
6	报告	bàogào	名
7	编	biān	动
8	标记	biāojì	动、名
9	表达	biǎodá	动
10	不敢当	bùgǎndāng	动
11	不妥之处	bùtuǒzhīchù	
12	草木	cǎomù	
13	产生	chǎnshēng	动
14	场合	chǎnghé	名
15	倡导	chàngdǎo	动
16	超越	chāoyuè	动
17	称赞	chēngzàn	动
18	成家	chéngjiā	动
19	成员	chéngyuán	名
20	冲	chōng	动
21	充满	chōngmǎn	动
22	出人意料	chūrényìliào	
23	出使	chūshǐ	动
24	除去	chúqù	动
25	除夕	chúxī	名
26	传统	chuántǒng	名
27	床位	chuángwèi	名
28	创始	chuàngshǐ	动
29	瓷器	cíqì	名
30	匆匆	cōngcōng	形
31	凑合	còuhe	动
32	大声	dà shēng	
33	代价	dàijià	名
34	当兵	dāng bīng	
35	刀锋	dāofēng	名
36	道德	dàodé	名
37	道理	dàolǐ	名
38	等待	děngdài	动
39	敌人	dírén	名
40	殿	diàn	名
41	动人	dòngrén	形
42	冻	dòng	动
43	斗争	dòuzhēng	动
44	独生子	dúshēngzǐ	名

* 本大纲含 A、B、C 三类词：A 类词为必修单元中的通用词语，B 类词为必修单元中的专业术语，C 类词为选修单元中的通用词语和专业术语。

45	度过	dùguò		74	古代	gǔdài	名
46	断	duàn	动	75	关注	guānzhù	动
47	对待	duìdài	动	76	广泛	guǎngfàn	形
48	对象	duìxiàng	名	77	规范	guīfàn	动、形
49	对于	duìyú	介	78	规划	guīhuà	动
50	发明	fāmíng	名、动	79	规律	guīlǜ	名
51	发展	fāzhǎn	动	80	贵重	guìzhòng	形
52	法则	fǎzé	名	81	果然	guǒrán	副
53	番	fān	量	82	过奖	guòjiǎng	动
54	反而	fǎn'ér	副	83	含义	hányì	名
55	反抗	fǎnkàng	动	84	好运	hǎoyùn	名
56	范围	fànwéi	名	85	好客	hàokè	形
57	方式	fāngshì	名	86	和谐	héxié	形
58	分析	fēnxī	动	87	厚德载物	hòudé-zàiwù	
59	奉行	fèngxíng	动	88	忽视	hūshì	动
60	服务	fúwù	动	89	壶	hú	名
61	符号	fúhào	名	90	互利	hùlì	动
62	福气	fúqi	名	91	婚礼	hūnlǐ	名
63	复仇	fùchóu	动	92	婚姻	hūnyīn	名
64	改革	gǎigé	动	93	活	huó	动、形
65	概念	gàiniàn	名	94	活跃	huóyuè	形
66	干涉	gānshè	动	95	或许	huòxǔ	副
67	感到	gǎndào	动	96	获得	huòdé	动
68	隔离	gélí	动	97	机构	jīgòu	名
69	工地	gōngdì	名	98	机关	jīguān	名
70	工具	gōngjù	名	99	基本	jīběn	形
71	公元前	gōngyuán qián		100	记录	jìlù	动
72	共识	gòngshí	名	101	记载	jìzǎi	动
73	构成	gòuchéng	名	102	寂寞	jìmò	形

103	加以	jiāyǐ	动
104	家庭	jiātíng	名
105	嫁	jià	动
106	监狱	jiānyù	名
107	简称	jiǎnchēng	名
108	简化	jiǎnhuà	动
109	见证	jiànzhèng	名、动
110	建立	jiànlì	动
111	建设	jiànshè	动
112	建筑	jiànzhù	动、名
113	将	jiāng	介
114	交际	jiāojì	动
115	交流	jiāoliú	动
116	解放	jiěfàng	动
117	界限	jièxiàn	名
118	进入	jìnrù	动
119	进行	jìnxíng	动
120	近年	jìnnián	名
121	精美	jīngměi	形
122	就近	jiùjìn	副
123	居住	jūzhù	动
124	具体	jùtǐ	形
125	具有	jùyǒu	动
126	看待	kàndài	动
127	看望	kànwàng	动
128	可口	kěkǒu	形
129	老伴儿	lǎobànr	名
130	类	lèi	量
131	类型	lèixíng	名

132	冷落	lěngluò	动
133	离婚	líhūn	动
134	立刻	lìkè	副
135	利益	lìyì	名
136	临摹	línmó	动
137	留恋	liúliàn	动
138	落	luò	动
139	满足	mǎnzú	动
140	茂盛	màoshèng	形
141	贸易	màoyì	名
142	面红耳赤	miànhóng-ěrchì	
143	描画	miáohuà	动
144	明明	míngmíng	副
145	明星	míngxīng	名
146	命运	mìngyùn	名
147	某	mǒu	代
148	目	mù	
149	目前	mùqián	名
150	闹笑话	nào xiàohua	
151	内部	nèibù	名
152	能否	néngfǒu	动
153	农业	nóngyè	名
154	旁听	pángtīng	动
155	陪同	péitóng	动
156	匹	pǐ	量
157	贫困	pínkùn	形
158	频繁	pínfán	形
159	平等	píngděng	形
160	平静	píngjìng	形

161	期间	qījiān	名
162	谦虚	qiānxū	形
163	签订	qiāndìng	动
164	强调	qiángdiào	动
165	强迫	qiǎngpò	动
166	桥梁	qiáoliáng	名
167	侵犯	qīnfàn	动
168	取得	qǔdé	动
169	去世	qùshì	动
170	劝说	quànshuō	动
171	群	qún	名
172	饶有兴趣	ráo yǒu xìngqù	
173	人类	rénlèi	名
174	人民	rénmín	名
175	刃	rèn	名
176	认同	rèntóng	动
177	日常	rìcháng	形
178	日益	rìyì	副
179	日子	rìzi	名
180	如此	rúcǐ	代
181	设施	shèshī	名
182	社会	shèhuì	名
183	升	shēng	动
184	生机	shēngjī	名
185	声誉	shēngyù	名
186	失眠	shīmián	动
187	失去	shīqù	动
188	实施	shíshī	动
189	世纪	shìjì	名

190	市	shì	名
191	事物	shìwù	名
192	事业	shìyè	名
193	书法	shūfǎ	名
194	摔	shuāi	动
195	率领	shuàilǐng	动
196	顺应	shùnyìng	动
197	说法	shuōfǎ	名
198	丝绸	sīchóu	名
199	思想	sīxiǎng	名
200	思想家	sīxiǎngjiā	名
201	损害	sǔnhài	动
202	特殊	tèshū	形
203	体系	tǐxì	名
204	通常	tōngcháng	副
205	同样	tóngyàng	形
206	痛快	tòngkuai	形
207	头痛	tóu tòng	
208	投入	tóurù	动
209	突出	tūchū	动
210	土质	tǔzhì	名
211	退休	tuìxiū	动
212	完整	wánzhěng	形
213	违反	wéifǎn	动
214	伟大	wěidà	形
215	温暖	wēnnuǎn	形
216	文明	wénmíng	名
217	闻名	wénmíng	动
218	舞台	wǔtái	名

219	物品	wùpǐn	名
220	误解	wùjiě	动
221	西服	xīfú	名
222	息息相关	xīxī-xiāngguān	
223	媳妇	xífu	名
224	系统	xìtǒng	名、形
225	显然	xiǎnrán	形
226	显示	xiǎnshì	动
227	现代	xiàndài	名
228	现象	xiànxiàng	名
229	限制	xiànzhì	动
230	相当	xiāngdāng	副
231	相似	xiāngsì	形
232	相通	xiāngtōng	动
233	向往	xiàngwǎng	动
234	项	xiàng	量
235	象征	xiàngzhēng	动
236	消极	xiāojí	形
237	孝顺	xiàoshùn	动
238	新郎	xīnláng	名
239	新娘	xīnniáng	名
240	行为	xíngwéi	名
241	形成	xíngchéng	动
242	形式	xíngshì	名
243	形状	xíngzhuàng	名
244	兄弟	xiōngdì	名
245	宣传	xuānchuán	动
246	学科	xuékē	名
247	沿	yán	介

248	研究	yánjiū	动
249	眼光	yǎnguāng	名
250	演变	yǎnbiàn	动
251	演化	yǎnhuà	动
252	要素	yàosù	名
253	夜晚	yèwǎn	名
254	一辈子	yíbèizi	名
255	疑问	yíwèn	名
256	一行	yìxíng	名
257	艺术	yìshù	名
258	议题	yìtí	名
259	意义	yìyì	名
260	音译	yīnyì	动
261	迎接	yíngjiē	动
262	赢得	yíngdé	动
263	拥有	yōngyǒu	动
264	忧虑	yōulǜ	动
265	幼苗	yòumiáo	名
266	玉石	yùshí	名
267	原则	yuánzé	名
268	缘故	yuángù	名
269	源源不断	yuányuán-búduàn	
270	愿望	yuànwàng	名
271	运行	yùnxíng	动
272	再婚	zàihūn	动
273	造成	zàochéng	动
274	则	zé	连
275	赠予	zèngyǔ	动

276	战争	zhànzhēng	名	290	主体	zhǔtǐ	名
277	章	zhāng	量	291	主宰	zhǔzǎi	动
278	招待	zhāodài	动	292	主张	zhǔzhāng	动、名
279	真实	zhēnshí	形	293	注重	zhùzhòng	动
280	争议	zhēngyì	动	294	祝福	zhùfú	动
281	整个	zhěnggè	形	295	祝贺	zhùhè	动
282	整齐	zhěngqí	形	296	著述	zhùshù	名
283	之	zhī	助	297	著作	zhùzuò	名
284	指导	zhǐdǎo	动	298	准则	zhǔnzé	名
285	指教	zhǐjiào	动	299	自然	zìrán	名
286	制度	zhìdù	名	300	自由	zìyóu	名、形
287	中轴线	zhōngzhóuxiàn		301	宗教	zōngjiào	名
288	周到	zhōudào	形	302	综合	zōnghé	动
289	逐渐	zhújiàn	副	303	组织	zǔzhī	名、动

B 类词

序号	词条	拼音	词性
1	案件	ànjiàn	名
2	案子	ànzi	名
3	被告	bèigào	名
4	笔画	bǐhuà	名
5	辩证	biànzhèng	动、形
6	表意文字	biǎoyì wénzì	
7	表音文字	biǎoyīn wénzì	
8	部件	bùjiàn	名
9	昌南	Chāngnán	名
10	长安	Cháng'ān	名
11	撤诉	chèsù	动
12	初等教育	chūděng jiàoyù	
13	楚	Chǔ	名
14	春秋时期	Chūnqiū shíqī	
15	词汇	cíhuì	名
16	词序	cíxù	名
17	词组	cízǔ	名
18	单音节	dānyīnjié	名
19	《道德经》	Dàodé Jīng	
20	道法自然	dào fǎ zìrán	
21	道家	Dàojiā	名
22	独体字	dútǐzì	名
23	多音字	duōyīnzì	名
24	发音	fāyīn	名
25	法庭	fǎtíng	名
26	法院	fǎyuàn	名
27	辅音	fǔyīn	名
28	复辅音	fùfǔyīn	名
29	高等教育	gāoděng jiàoyù	
30	高等学校	gāoděng xuéxiào	
31	高考	gāokǎo	名
32	古罗马	Gǔ Luómǎ	
33	古文	gǔwén	名
34	国际组织	guójì zǔzhī	
35	国家元首	guójiā yuánshǒu	
36	汉（朝）	Hàn（cháo）	名
37	汉武帝	Hànwǔdì	
38	汉字	Hànzì	名
39	合体字	hétǐzì	名
40	会意	huìyì	名
41	家长	jiāzhǎng	名
42	甲骨文	jiǎgǔwén	名
43	教学	jiàoxué	名
44	教育部	Jiàoyù Bù	
45	教育家	jiàoyùjiā	名
46	近音	jìnyīn	
47	军事	jūnshì	名
48	考生	kǎoshēng	名
49	孔子	Kǒngzǐ	
50	老聃	Lǎodān	
51	老子	Lǎozǐ	
52	冷战	lěngzhàn	名

53	两面性	liǎngmiànxìng	名
54	量词	liàngcí	名
55	领土	lǐngtǔ	名
56	领袖	lǐngxiù	名
57	名词	míngcí	名
58	明（朝）	Míng（cháo）	名
59	内政	nèizhèng	名
60	判决	pànjué	动
61	偏旁	piānpáng	名
62	起诉	qǐsù	动
63	谦辞	qiāncí	名
64	酋长	qiúzhǎng	名
65	权益	quányì	名
66	全球化	quánqiúhuà	
67	儒家	Rújiā	名
68	入学	rùxué	动
69	赡养	shànyǎng	动
70	声调	shēngdiào	名
71	声旁	shēngpáng	名
72	使臣	shǐchén	名
73	使节	shǐjié	名
74	数词	shùcí	名
75	双音节	shuāngyīnjié	名
76	丝绸之路	sīchóu zhī lù	
77	四大发明	sì dà fāmíng	
78	谈判	tánpàn	动
79	唐（朝）	Táng（cháo）	名
80	套话	tàohuà	名
81	条款	tiáokuǎn	名
82	条约	tiáoyuē	名
83	同音	tóngyīn	
84	统治	tǒngzhì	动
85	外交	wàijiāo	名
86	外交部长	wàijiāo bùzhǎng	
87	无为	wúwéi	动
88	西域	Xīyù	名
89	象形	xiàngxíng	名
90	歇后语	xiēhòuyǔ	名
91	谐音	xiéyīn	动
92	行为主体	xíngwéi zhǔtǐ	
93	形旁	xíngpáng	名
94	形声	xíngshēng	名
95	虚词	xūcí	名
96	学前教育	xuéqián jiàoyù	
97	一语双关	yìyǔ-shuāngguān	
98	因材施教	yīncái-shījiào	
99	音节	yīnjié	名
100	语素	yǔsù	名
101	语体	yǔtǐ	名
102	语义	yǔyì	名
103	语音	yǔyīn	名
104	元音	yuányīn	名
105	原告	yuángào	名
106	张骞	Zhāng Qiān	
107	哲学	zhéxué	名
108	郑和	Zhèng Hé	
109	政府首脑	zhèngfǔ shǒunǎo	
110	政治	zhèngzhì	名

111	政治犯	zhèngzhìfàn	名	116	主权	zhǔquán	名
112	指事	zhǐshì	名	117	专制	zhuānzhì	动
113	中等教育	zhōngděng jiàoyù		118	字母	zìmǔ	名
114	种族隔离	zhǒngzú gélí		119	字形	zìxíng	名
115	种族歧视	zhǒngzú qíshì		120	总统	zǒngtǒng	名

C类词

序号	词条	拼音	词性
1	唉	ài	叹
2	拜访	bàifǎng	动
3	版面	bǎnmiàn	名
4	版权	bǎnquán	名
5	保存	bǎocún	动
6	保外就医	bǎo wài jiùyī	
7	报道	bàodào	动
8	报刊	bàokān	名
9	悲剧	bēijù	名
10	背景	bèijǐng	名
11	必要	bìyào	形
12	编辑	biānjí	名
13	编剧	biānjù	名
14	编年体	biānniántǐ	名
15	表现	biǎoxiàn	动
16	不断	búduàn	副
17	不及	bùjí	动
18	部	bù	量
19	采访	cǎifǎng	动
20	蔡伦	Cài Lún	
21	册	cè	量
22	产品	chǎnpǐn	名
23	长篇小说	chángpiān xiǎoshuō	
24	厂长	chǎngzhǎng	名
25	抄袭	chāoxí	动
26	成就	chéngjiù	名

序号	词条	拼音	词性
27	成熟	chéngshú	形
28	成语	chéngyǔ	名
29	乘	chéng	动
30	程度	chéngdù	名
31	橙子	chéngzi	名
32	吃亏	chīkuī	动
33	尺	chǐ	量
34	穿	chuān	动
35	传播	chuánbō	动
36	传递	chuándì	动
37	传说	chuánshuō	名
38	创新	chuàngxīn	名
39	创作	chuàngzuò	动
40	出自	chūzì	动
41	刺激	cìjī	动
42	从事	cóngshì	动
43	村民	cūnmín	名
44	存在	cúnzài	动
45	达到	dádào	动
46	打交道	dǎ jiāodao	
47	大王	dàwáng	名
48	代替	dàitì	动
49	诞生	dànshēng	动
50	导致	dǎozhì	动
51	捣	dǎo	动
52	盗版	dàobǎn	动、名
53	的确	díquè	副

54	地道	dìdao	形	83	贡献	gòngxiàn	名
55	地理	dìlǐ	名	84	沟通	gōutōng	动
56	地位	dìwèi	名	85	估量	gūliang	动
57	调查	diàochá	动	86	古典	gǔdiǎn	形
58	顶峰	dǐngfēng	名	87	观看	guānkàn	动
59	东汉	Dōng Hàn	名	88	归功于	guīgōng yú	
60	独立	dúlì	形	89	果园	guǒyuán	名
61	独特	dútè	形	90	行业	hángyè	名
62	对此	duì cǐ		91	好奇	hàoqí	形
63	发表	fābiǎo	动	92	乎	hū	助
64	发达	fādá	形	93	画面	huàmiàn	名
65	法人	fǎrén	名	94	荒山	huāngshān	名
66	凡是	fánshì	副	95	皇帝	huángdì	名
67	繁荣	fánróng	形	96	皇宫	huánggōng	名
68	反映	fǎnyìng	动	97	黄帝	Huángdì	名
69	反正	fǎnzhèng	副	98	回味无穷	huíwèi-wúqióng	
70	访谈	fǎngtán	动	99	机遇	jīyù	名
71	服刑	fúxíng	动	100	纪传体	jìzhuàntǐ	名
72	幅	fú	量	101	技能	jìnéng	名
73	改编	gǎibiān	动	102	继承	jìchéng	动
74	赶	gǎn	动	103	继承人	jìchéngrén	名
75	感想	gǎnxiǎng	名	104	家喻户晓	jiāyù-hùxiǎo	
76	稿件	gǎojiàn	名	105	家族	jiāzú	名
77	各	gè	代	106	价值	jiàzhí	名
78	工人	gōngrén	名	107	减刑	jiǎnxíng	动
79	公关	gōngguān	名	108	浆	jiāng	名
80	公开信	gōngkāixìn	名	109	交替	jiāotì	动
81	公平	gōngpíng	形	110	教科书	jiàokēshū	名
82	宫廷	gōngtíng	名	111	接近	jiējìn	动

112	金融	jīnróng	名
113	仅次于	jǐn cì yú	
114	经营	jīngyíng	动
115	纠纷	jiūfēn	名
116	举报	jǔbào	动
117	巨大	jùdà	形
118	剧情	jùqíng	名
119	据	jù	介
120	克服	kèfú	动
121	浪漫主义	làngmàn zhǔyì	
122	励志	lìzhì	动
123	晾	liàng	动
124	令	lìng	动
125	绿豆	lǜdòu	名
126	骆驼	luòtuo	名
127	密切	mìqiè	形
128	面对	miànduì	动
129	面貌	miànmào	名
130	描绘	miáohuì	动
131	描写	miáoxiě	动
132	民间文艺	mínjiān wényì	
133	民事	mínshì	形
134	名著	míngzhù	名
135	那么	nàme	代
136	脑筋	nǎojīn	名
137	宁愿	nìngyuàn	副
138	农民	nóngmín	名
139	女士	nǚshì	名
140	偶然	ǒurán	形、副
141	判处	pànchǔ	动
142	抛弃	pāoqì	动
143	批	pī	量
144	皮	pí	名
145	篇幅	piānfú	名
146	票房	piàofáng	名
147	评价	píngjià	动、名
148	铺	pū	动
149	普法	pǔfǎ	动
150	起伏	qǐfú	动
151	起死回生	qǐsǐ-huíshēng	
152	前途	qiántú	名
153	强	qiáng	形
154	抢夺	qiǎngduó	动
155	巧合	qiǎohé	名
156	侵害	qīnhài	动
157	侵权	qīnquán	动
158	青春	qīngchūn	名
159	清澈	qīngchè	形
160	清明上河图	Qīngmíng Shàng Hé Tú	
161	清新	qīngxīn	形
162	情节	qíngjié	名
163	区	qū	名
164	曲折	qūzhé	形
165	取经	qǔjīng	动
166	取舍	qǔshě	动
167	权利	quánlì	名
168	劝	quàn	动

169	缺乏	quēfá	动
170	热播	rèbō	动
171	热门	rèmén	名
172	人口	rénkǒu	名
173	人身权	rénshēnquán	名
174	人生	rénshēng	名
175	人物	rénwù	名
176	认定	rèndìng	动
177	如何	rúhé	代
178	如今	rújīn	名
179	散文	sǎnwén	名
180	善于	shànyú	动
181	商业	shāngyè	名
182	设计	shèjì	动
183	涉及	shèjí	动
184	神话	shénhuà	名
185	审稿	shěn gǎo	
186	生动	shēngdòng	形
187	绳子	shéngzi	名
188	诗歌	shīgē	名
189	时刻	shíkè	名
190	时时刻刻	shíshíkèkè	
191	实验	shíyàn	名
192	史官	shǐguān	名
193	《史记》	Shǐ Jì	
194	市场	shìchǎng	名
195	事件	shìjiàn	名
196	事实	shìshí	名
197	视野	shìyě	名

198	手段	shǒuduàn	名
199	守法	shǒufǎ	动
200	首	shǒu	量
201	受贿	shòuhuì	动
202	受众	shòuzhòng	名
203	书籍	shūjí	名
204	抒情	shūqíng	动
205	署名	shǔmíng	动
206	说辞	shuōcí	名
207	司马迁	Sīmǎ Qiān	
208	诉讼	sùsòng	动
209	素材	sùcái	名
210	算账	suànzhàng	动
211	踏	tà	动
212	态度	tàidù	名
213	贪污	tānwū	动
214	潭	tán	名
215	桃花	táohuā	名
216	特色	tèsè	名
217	挑战	tiǎozhàn	名
218	通史	tōngshǐ	名
219	统计	tǒngjì	动
220	痛苦	tòngkǔ	形
221	投资	tóuzī	名
222	途径	tújìng	名
223	团体	tuántǐ	名
224	外卖	wàimài	名
225	网络	wǎngluò	名
226	违法	wéifǎ	动

227	维权	wéiquán	动
228	文体	wéntǐ	名
229	文学	wénxué	名
230	无可奈何	wúkěnàihé	
231	无期徒刑	wúqī túxíng	
232	昔日	xīrì	名
233	席子	xízi	名
234	喜剧	xǐjù	名
235	戏	xì	名
236	戏剧	xìjù	名
237	鲜明	xiānmíng	形
238	显著	xiǎnzhù	形
239	现实	xiànshí	名
240	线索	xiànsuǒ	名
241	献	xiàn	动
242	相当	xiāngdāng	动
243	相关	xiāngguān	动
244	享有	xiǎngyǒu	动
245	想象	xiǎngxiàng	动
246	项羽	Xiàng Yǔ	
247	销量	xiāoliàng	名
248	小贩	xiǎofàn	名
249	笑眯眯	xiàomīmī	形
250	效应	xiàoyìng	名
251	欣赏	xīnshǎng	动
252	新闻	xīnwén	名
253	修改	xiūgǎi	动
254	栩栩如生	xǔxǔ-rúshēng	
255	学富五车	xuéfùwǔchē	

256	迅速	xùnsù	形
257	烟草	yāncǎo	名
258	严谨	yánjǐn	形
259	沿用	yányòng	动
260	业务	yèwù	名
261	依次	yīcì	副
262	一无所知	yìwúsuǒzhī	
263	亿	yì	数
264	艺术品	yìshùpǐn	名
265	意识	yìshi	名、动
266	饮	yǐn	动
267	英雄	yīngxióng	名
268	永久	yǒngjiǔ	形
269	优良	yōuliáng	形
270	优美	yōuměi	形
271	悠久	yōujiǔ	形
272	欲	yù	副
273	原创	yuánchuàng	动
274	约	yuē	副
275	约束	yuēshù	动
276	怎样	zěnyàng	代
277	增强	zēngqiáng	动
278	赠	zèng	动
279	展示	zhǎnshì	动
280	张择端	Zhāng Zéduān	
281	这样	zhèyàng	代
282	阵	zhèn	量
283	正当	zhèngdāng	形
284	指责	zhǐzé	动

285	至于	zhìyú	介
286	中级人民法院	zhōngjí rénmín fǎyuàn	
287	终生	zhōngshēng	名
288	众多	zhòngduō	形
289	种植	zhòngzhí	动
290	舟	zhōu	名
291	竹简	zhújiǎn	名
292	竹片	zhúpiàn	名
293	煮	zhǔ	动
294	著作权	zhùzuòquán	名
295	抓	zhuā	动
296	专家	zhuānjiā	名
297	专属	zhuān shǔ	
298	转让	zhuǎnràng	动
299	装	zhuāng	动
300	追求	zhuīqiú	动
301	作品	zuòpǐn	名

第八章 数学教学大纲

一、课程基本信息

课程名称： 数学

课程类别： 必修

总 学 时： 96学时（每周6学时，实际上课16周）

适用对象： 准备进入理工、经贸、医学类专业学习的具有高中毕业以上（含高中毕业）学历的外国留学生

先修课程： 预科基础汉语

推荐教材： 郭飞 编，《数学》(第一版)，北京：北京语言大学出版社，2012年2月。

参考书目： [1] 郭飞 主编，《数学一点通》，北京：北京语言大学出版社，2016年1月。

[2] 普通高级中学教科书《数学》。

二、课程性质与目标

预科数学教育旨在提高来华留学生预科阶段的数学水平，使他们具备进入高校进行专业学习前所必需的数学知识，为其顺利完成中国大学本科专业学习奠定基础。学习内容主要包括数学专业词汇和常用句式等语言知识与高中数学知识概要。

本课程注重中学数学和部分大学数学知识中专业词汇和知识点的介绍和学习。一方面复习和补习学生已经学过的数学知识，另一方面导入部分必要的大学数学的专业词汇和知识点。通过本课程的学习，学生应做到：在语言方面，能够初步掌握数学专业词汇的听、说、读、写技能，能听懂数学老师的授课用语以及数学专业词汇，能较自如地用汉语同老师讨论数学问题；在专业知识与能力方面，能直接应用数学公式和定义解题，并能解决少部分有技巧的题目。

三、本课程与相关课程的联系

为来华留学预科生开设的“基础汉语”和“科技汉语”课程是本课程的先修课程。本课程一般安排在预科学习的第二个学期开设，各院校也可视学生的语言水平适当将开课时间提前。

本课程是预科生进入大学后必修的大学公共数学课——“高等数学”的先修课程。

四、教学内容与要求

教学内容：以中学数学的代数和平面解析几何知识为主体，考虑到大学公共数学课“高等数学”的学习需要，如教学时间允许可适当向大学的学习内容延伸，不以数学推导为教学的主要内容，而是紧抓知识脉络，教授数学知识涉及的专业词汇和表达句式，为预科生进入中国大学学习高等数学奠定语言和数学基础。

教学要求：分为“基础内容（A）”“提高内容（B）”和“选学内容（C）”三个层次。“基础内容（A）”要求：能够识别知识点所涉及的专业词汇，掌握数学符号的发音和书写形式，对知识点有初步的认识，能在有关问题中进行识别与直接应用；“提高内容（B）”要求：能够掌握知识点所涉及的专业词汇以及符号的发音和书写形式，而且能够对知识点有较深入的认识，并能够利用所学知识点解决简单问题；“选学内容（C）”是学生自学部分，不做考核要求。

详细的知识点及教学要求如表 1 所示：

表 1　知识点及教学要求

知识点		具体要求	教学要求
I 代数			
1. 集合	集合的相关概念（包含、子集、交集、并集、全集、补集等）	（1）理解集合的含义、元素与集合的“属于”关系； （2）会用列举法或描述法表示集合； （3）理解集合之间包含与相等的含义，能识别给定集合的子集； （4）理解全集和空集的含义； （5）理解两个集合的并集与交集的含义，会求两个简单集合的并集与交集； （6）理解在给定集合中一个子集的补集的含义，会求给定子集的补集； （7）理解集合 **Q**，**Z**，**N**，**R** 的含义和它们的关系。	A
2. 不等式	不等式的性质（在不等式两边加、减、乘以一个数，不等号的方向如何变化等）	（1）理解不等式的基本性质； （2）会运用不等式的基本性质做简单的运算，比较两个式子的大小。	A
	一元二次不等式的解法	掌握一元二次不等式的解法。	B
	分式不等式的解法	掌握分式不等式的解法。	A

续表

知识点		具体要求	教学要求
3. 函数	平面直角坐标系	（1）理解坐标轴、坐标原点、象限的含义； （2）会根据点的坐标标出平面上的点； （3）会求平面上两点间的距离； （4）会求平面中的点关于 x 轴、y 轴和原点的对称点。	A
	函数的概念	（1）理解函数的定义； （2）理解函数的定义域和值域的定义，会求一些简单函数的定义域和值域； （3）会判断两个函数是否相等。	B
	函数的单调性	（1）理解函数的单调性的定义； （2）会根据定义判断函数在某个区间上是增函数还是减函数。	B
	函数的奇偶性	（1）理解函数奇偶性的定义； （2）会判断函数的奇偶性； （3）掌握奇偶函数的图像的特点。	A
	反函数	（1）理解反函数的定义； （2）会求函数的反函数。	A
	幂函数	（1）理解幂函数的定义； （2）结合幂函数 $y=x$，$y=x^2$，$y=x^{\frac{1}{2}}$，$y=x^{-1}$，$y=x^{-2}$，$y=x^{-\frac{1}{2}}$ 的图像，掌握幂函数的定义域、值域、单调性、奇偶性； （3）会根据幂函数的单调性比较两个数的大小。	B
	指数函数	（1）理解指数函数的定义； （2）结合指数函数 $y=2^x$，$y=(\frac{1}{2})^x$ 的图像，掌握指数函数的定义域、值域、单调性、奇偶性； （3）会根据指数函数的单调性比较两个数的大小。	B
	对数和对数函数	（1）理解对数的概念； （2）掌握对数的运算性质； （3）理解对数函数的定义； （4）结合对数函数 $y=\log_2 x$，$y=\log_{\frac{1}{2}} x$ 的图像，掌握对数函数的定义域、值域、单调性、奇偶性； （5）会根据对数函数的单调性比较两个对数的大小； （6）会求指数函数和对数函数的反函数。	B

续表

知识点		具体要求	教学要求
4. 三角函数	角的概念及弧度	（1）理解任意角的概念和弧度的概念； （2）能进行弧度与角度的互化； （3）会判断给定的角是第几象限角。	A
	任意角的三角函数的定义及关系	（1）掌握三角函数的定义公式，会根据给出的角的终边上任意一点的坐标计算角的各个三角函数值； （2）熟记 $0°\sim180°$ 间的特殊角的三角函数值； （3）会判断给出的角的三角函数的符号（大于 0 或小于 0）； （4）熟记三角函数间的关系公式并会用它们进行计算。	B
	三角函数的诱导公式	熟记三角函数的诱导公式并会用它们进行计算。	B
	正、余弦函数的图像和性质	（1）了解什么是周期函数； （2）熟记正、余弦函数的性质（定义域、值域、奇偶性、周期性、单调性）； （3）会画出 $y=\sin x$，$y=\cos x$ 的图像； （4）会求 $y=A\sin(\omega x+\varphi)$，$y=A\cos(\omega x+\varphi)$ 型函数的值域和最小正周期，会判断其奇偶性。	B
	正、余切函数的图像和性质	（1）熟记正、余切函数的性质（定义域、值域、奇偶性、周期性、单调性）； （2）会画出 $y=\tan x$，$y=\cot x$ 的图像； （3）会求 $y=A\tan(\omega x+\varphi)$，$y=A\cot(\omega x+\varphi)$ 型函数的定义域和最小正周期，会判断其奇偶性。	B
5. 反三角函数	反正弦函数和反余弦函数的图像和性质	（1）理解反正弦函数和反余弦函数的定义并会计算反三角函数的值； （2）熟记反正弦函数和反余弦函数的性质（定义域、值域、奇偶性、周期性、单调性）； （3）会用反正弦函数和反余弦函数的性质进行计算。	C
	反正切函数和反余切函数的图像和性质	（1）理解反正切函数和反余切函数的定义并会计算反三角函数的值； （2）熟记反正切函数和反余切函数的性质（定义域、值域、奇偶性、周期性、单调性）； （3）会用反正切函数和反余切函数的性质进行计算。	C

续表

知识点		具体要求	教学要求
6. 两角和与差的三角函数	两角和与差的三角函数公式	熟记两角和与差的正弦公式、余弦公式及正切公式并会用它们进行计算。	B
	二倍角的正弦、余弦、正切公式	熟记二倍角 $\sin 2\alpha$、$\cos 2\alpha$、$\tan 2\alpha$ 的公式并会用它们进行计算。	B
	半角的正弦、余弦、正切公式	熟记半角 $\sin\frac{\alpha}{2}$、$\cos\frac{\alpha}{2}$、$\tan\frac{\alpha}{2}$ 的公式并会用它们进行计算。	B
7. 数列	数列的相关概念	（1）理解数列、项、首项、通项公式、前 n 项和的概念； （2）会根据数列的通项公式或递推公式写出数列的前几项。	A
	等差数列的定义及其通项公式	（1）理解等差数列的定义，会判断一个数列是否是等差数列； （2）熟记等差数列的通项公式并会进行计算； （3）会求等差中项。	B
	等差数列前 n 项和公式	熟记等差数列前 n 项和公式并会进行计算。	B
	等比数列的定义及其通项公式	（1）理解等比数列的定义，会判断一个数列是否是等比数列； （2）熟记等比数列的通项公式并会进行计算； （3）会求等比中项。	B
	等比数列前 n 项和公式	熟记等比数列前 n 项和公式并会进行计算。	B
II 平面解析几何			
8. 直线	直线的方程、倾斜角等概念	（1）理解直线的倾斜角和斜率的概念； （2）会用两点式求直线的斜率。	A
	直线的方程	（1）会用点斜式写出直线的方程； （2）会求直线在坐标轴上的截距； （3）会由直线的一般式方程求出直线的斜率。	B
	直线的平行和垂直	（1）会判定两条直线是否平行或垂直； （2）会根据两条直线的平行或垂直关系，写出直线的方程。	B
	两条直线的交点	会用解方程组的方法求两条直线的交点坐标。	B

续表

知识点		具体要求	教学要求
9. 圆锥曲线	圆的标准方程、一般方程	（1）掌握圆的标准方程与一般方程； （2）会由圆的标准方程或一般方程求出圆心坐标和半径； （3）会将圆的一般方程转化为标准方程。	A
	椭圆的方程及性质	（1）掌握焦点分别在 x 轴和 y 轴上的两种形式的椭圆的标准方程，会求椭圆的焦点坐标，会在坐标系中画出椭圆的图像； （2）会求椭圆的离心率。	A
	双曲线的方程及性质	（1）掌握焦点分别在 x 轴和 y 轴上的两种形式的双曲线的标准方程，会求双曲线的焦点坐标，会在坐标系中画出双曲线的图像； （2）会求双曲线的离心率。	A
	抛物线的方程及性质	掌握焦点分别在 x 轴和 y 轴上的四种形式的抛物线的标准方程，会求抛物线的焦点坐标和准线方程，会在坐标系中画出抛物线的图像。	A
III 极限和导数			
10. 数列和函数的极限	数列的极限	（1）理解数列极限的定义； （2）掌握数列极限的四则运算； （3）会用公式计算数列的极限。	C
	$x\to x_0$ 时函数的极限	（1）理解邻域、函数的极限、左极限、右极限的概念； （2）掌握 $x\to x_0$ 时函数极限的四则运算； （3）会求函数的极限、左极限、右极限； （4）掌握函数的极限与左极限、右极限之间的关系。	C
	$x\to\infty$ 时函数的极限	（1）理解式子 $\lim\limits_{x\to\infty}f(x)$ ，$\lim\limits_{x\to+\infty}f(x)$，$\lim\limits_{x\to-\infty}f(x)$ 的含义； （2）掌握 $x\to\infty$ 时函数极限的四则运算。	C
	连续函数	（1）理解函数 $f(x)$ 在 x_0 处连续的定义； （2）掌握结论"$f(x)$ 在 x_0 处连续 $\Leftrightarrow\lim\limits_{x\to x_0^-}f(x)=\lim\limits_{x\to x_0^+}f(x)=f(x_0)$"； （3）会判断函数 $f(x)$ 在 x_0 处是否连续。	C
	两个重要极限	熟练掌握两个重要极限并会用其计算数列或函数的极限。	C
	无穷小量	（1）理解无穷小量的定义； （2）熟记等价无穷小量公式； （3）会用无穷小量代换定理计算极限。	C

续表

知识点		具体要求	教学要求
11. 导数	导数的概念	（1）掌握导数、左导数和右导数的定义，会用定义求导数、左导数和右导数； （2）熟记基本初等函数的导数公式； （3）会用定理“函数 $f(x)$ 在 x_0 处可导 $\Leftrightarrow f(x)$ 在 x_0 处左右导数存在并且相等”判断 $f(x)$ 在 x_0 处是否可导。	C
	导数的运算法则	（1）熟记导数的四则运算法则并会用其进行计算； （2）熟记复合函数的求导法则并会用其进行计算。	C
	高阶导数	（1）掌握高阶导数的定义和高阶导数的记号； （2）会计算函数的高阶导数； （3）会求简单函数的 n 阶导数。	C
	隐函数的导数	（1）理解隐函数的定义； （2）掌握隐函数的求导方法，会求隐函数的导数。	C
	含参变量函数的导数	会求含参变量函数的一阶和二阶导数。	C

五、教学进度与课时安排

表2　必修内容学时分配

教学内容		学时数
Ⅰ代数		58
集合	集合的相关概念（包含、子集、交集、并集、全集、补集等）	7
不等式	（1）不等式的性质（在不等式两边加、减、乘以一个数，不等号的方向如何变化等）	2
	（2）不等式的解法、算术平均数、几何平均数	4
函数	（1）平面直角坐标系	2
	（2）函数的概念	2
	（3）函数的单调性	2
	（4）函数的奇偶性	2
	（5）反函数	2
	（6）幂函数	2

续表

教学内容		学时数
	（7）指数函数	2
	（8）对数函数	2
	（9）对数的换底公式	2
三角函数	（1）角的概念	2
	（2）任意角的三角函数	2
	（3）任意角的三角函数的定义及关系	2
	（4）三角函数的诱导公式	2
	（5）正、余弦函数的图像和性质	3
	（6）正、余切函数的图像和性质	2
两角和与差的三角函数	（1）两角和与差的三角函数	2
	（2）二倍角的正弦、余弦、正切	1
	（3）半角的正弦、余弦、正切	2
数列	（1）数列的相关概念	1
	（2）等差数列及其通项公式	2
	（3）等差数列前 n 项和公式	2
	（4）等比数列及其通项公式	2
	（5）等比数列前 n 项和公式	2
II 平面解析几何		18
直线	（1）直线的方程（倾角、斜率等概念）	2
	（2）直线方程的四种形式	2
	（3）直线方程的一般形式	2
	（4）直线的平行和垂直	2
	（5）两条直线的交点	2
圆锥曲线	（1）圆的标准方程、一般方程	2
	（2）椭圆的方程及性质	2
	（3）双曲线的方程及性质	2
	（4）抛物线的方程及性质	2
习题讲解		6
总复习		14

六、课程考试与成绩评定

考核方式：闭卷笔试。学生统一参加中国政府奖学金本科来华留学生预科教育结业考试。

七、教学中应注意的几个问题

1. 总学时 96 学时仅针对必修内容，即“基础内容（A）”和“提高内容（B）”。

2. 由于留学生个体的数学基础差异较大，建议教师采取灵活的授课方式。比如，对于学生已经比较熟悉的内容，可以略讲；对学生比较陌生或词汇较多、难懂的内容，应详讲、多练。

3. 表 1 中的对于知识点的教学要求是针对来华时汉语水平为零起点的学生提出的最低要求。由于留学生个体的数学基础差异较大，在对知识点的要求上，教师可根据实际情况做适当调整，对汉语水平比较高的学生侧重数学知识的教学，对知识点的要求可全部按照 B 要求进行，甚至可以更高。

附录 1：开课前需要掌握的词汇以及数学符号的读法

词汇：

加	减	乘	除	大于	小于	等于
实数	正数	负数	整数	小数	分数	有理数
无理数	根号	开平方	开立方	幂		

符号或数学式的读法：

分数的读法　　根号的读法　　次幂的读法　　正负号的读法

加号、减号、乘号、除号的读法　　大于号、小于号、等于号的读法

附录 2：本课程每节需要掌握的词汇

教学内容		词汇
		I 代数
集合	集合的相关概念	集合、定义、非负整数集、正整数集、整数集、有理数集、实数集、元素、有限集、无限集、属于、不属于、包含于、包含、子集、真子集、空集、补集、且、交集、或、并集、奇数、偶数、奇数集、偶数集
不等式	不等式的性质	正数、负数、性质、加上、减去、乘以、除以、取值范围
	不等式的解法	一元二次不等式 、分式不等式
函数	平面直角坐标系	横坐标、纵坐标、对称点、象限、原点、距离
	函数的概念	函数、自变量、因变量、定义域、函数值、值域
	函数的单调性	严格（的）、增函数、减函数、单调性、单调区间
	函数的奇偶性	奇偶性、奇函数、偶函数、非奇非偶函数、既奇又偶函数
	反函数	反函数
	幂函数	幂、幂函数、图像
	指数函数	指数函数
	对数函数	对数、对数的真数、常用对数、自然对数、对数函数
	对数的换底公式	换底公式
三角函数	角的概念	旋转、顶点、始边、终边、逆时针、正角、顺时针、负角、零角、重合、象限角、弧度
	任意角的三角函数	比值、正弦、余弦、正切、余切、正割、余割
	诱导公式	诱导公式
	正、余弦函数的图像及性质	周期、周期函数、最小正周期、最大值、最小值
两角和与差的三角函数	两角和与差的三角函数	和与差
	二倍角的正弦、余弦、正切	二倍角
	半角的正弦、余弦、正切	半角

数列	数列	数列、项、通项公式、有穷数列、无穷数列、递推公式
	等差数列及其通项公式	等差数列、公差
	等差数列前 n 项和公式	等差中项、等差数列的求和公式
	等比数列及其通项公式	等比数列、公比、等比中项
II 平面解析几何		
直线	直线的方程（倾角、斜率等概念）	方程、斜率、倾斜角
	直线方程的四种形式	点斜式、截距
	直线方程的一般形式	一般式
	直线的平行和垂直	平行、垂直、不重合
	两条直线的交点	交点
圆锥曲线	圆	圆、标准方程、一般方程、圆心、半径
	椭圆	椭圆、焦点、焦距、长轴、短轴、离心率
	双曲线	双曲线、实轴、虚轴
	抛物线	抛物线、准线

附录 3：数学符号汉英对照表

符号	汉语名称	拼音	英文
<	小于	xiǎoyú	is less than
>	大于	dàyú	is greater than
⩽	小于等于	xiǎoyú děngyú	is less than or equal to
⩾	大于等于	dàyú děngyú	is greater than or equal to
%	百分号	bǎifēnhào	percent sign
( )	圆括号	yuán kuòhào	parentheses
(	左圆括号	zuǒ yuán kuòhào	open parenthesis, open paren
)	右圆括号	yòu yuán kuòhào	close parenthesis, close paren
$\sqrt{\ }$	平方根	píngfānggēn	square root
[ ]	方括号	fāng kuòhào	square brackets
[	左方括号	zuǒ fāng kuòhào	open bracket
]	右方括号	yòu fāng kuòhào	close bracket
∵	因为	yīnwèi	since, because
∴	所以	suǒyǐ	hence
∠	角	jiǎo	angle
∪	并	bìng	union of
∩	交	jiāo	intersection of
±	正负号	zhèng-fùhào	plus or minus
Σ	总和	zǒnghé	sum of
×	乘	chéng	is multiplied by
°	度	dù	degree
÷	除	chú	is divided by
≠	不等于	bù děngyú	is not equal to
+	加	jiā	plus
–	减	jiǎn	minus
{	左花括号	zuǒ huā kuòhào	open brace, open curly
}	右花括号	yòu huā kuòhào	close brace, close curly

$x+y$	x 加 y	x jiā y	x plus y
$a=b$	a 等于 b	a děngyú b	a equals b
$a \neq b$	a 不等于 b	a bù děngyú b	a isn't equal to b
$a>b$	a 大于 b	a dàyú b	a is greater than b
$a>>b$	a 远远大于 b	a yuǎnyuǎn dàyú b	a is much greater than b
$a \geqslant b$	a 大于等于 b	a dàyú děngyú b	a is greater than or equal to b
x^2	x 的平方	x de píngfāng	x squared
x^3	x 的立方	x de lìfāng	x cubed
x^n	x 的 n 次方	x de n cì fāng	the nth power of x
$\sqrt{x}$	根号下 x	gēnhào xià x	the square root of x
$\sqrt[3]{x}$	3 次根号下 x	3 cì gēnhào xià x	the cube root of x
$\sqrt[n]{x}$	n 次根号下 x	n cì gēnhào xià x	the nth root of x
6%	百分之六	bǎi fēn zhī liù	6 percent
2 : 3	2 比 3	2 bǐ 3	the ratio of two to three
$\frac{1}{2}$	二分之一	èr fēn zhī yī	a half, one half
$\frac{2}{3}$	三分之二	sān fēn zhī èr	two thirds

附录 4：数学词汇汉英对照表

汉语	拼音	英文
半闭区间	bàn bì qūjiān	half-closed interval
半角公式	bànjiǎo gōngshì	half-angle formula
半径	bànjìng	radius
半开区间	bàn kāi qūjiān	half-open interval
半圆	bànyuán	semicircle
包含	bāohán	include
倍角公式	bèijiǎo gōngshì	multiple-angle formula
被乘数	bèi chéng shù	multiplicand
被除数	bèi chú shù	dividend
必要条件	bìyào tiáojiàn	necessary condition
边	biān	side
变量	biànliàng	variable
并集	bìngjí	union set
不共线	bú gòng xiàn	non-collinear
补集	bǔjí	complementary set
补余律	bǔyúlǜ	complement law
不包含	bù bāohán	exclude
不等边三角形	bù děng biān sānjiǎoxíng	scalene triangle
不等号	bùděnghào	inequality sign
不等式	bùděngshì	inequation
不相交的	bù xiāngjiāo de	disjoint
不相交的集	bù xiāngjiāo de jí	disjoint sets
差	chā	difference
差集	chājí	difference of sets
长（度）	cháng(dù)	length
常数	chángshù	constant

常用对数	chángyòng duìshù	common logarithm
乘法	chéngfǎ	multiplication
充要条件	chōngyào tiáojiàn	necessary and sufficient condition
除	chú	divide
除法	chúfǎ	division
除数 / 除式 / 因子	chúshù/chúshì/yīnzǐ	divisor
代数	dàishù	algebra
单位圆	dānwèi yuán	unit circle
倒数	dàoshù	reciprocal
等比数列	děngbǐ shùliè	geometric progression (sequence)
等比中项	děngbǐ zhōngxiàng	geometric mean
等边三角形	děng biān sānjiǎoxíng	equilateral triangle
等差数列	děngchā shùliè	arithmetic progression (sequence)
等式 / 方程式	děngshì/fāngchéngshì	equation
等腰三角形	děng yāo sānjiǎoxíng	isosceles triangle
笛卡儿坐标	Díkǎ'ér zuòbiāo	Cartesian coordinates
底	dǐ	base
底数 / 基数	dǐshù/jīshù	base number
递增 / 增加	dìzēng/zēngjiā	increase
点	diǎn	point
定理	dìnglǐ	theorem
定义域	dìngyìyù	domain/field of definition
度	dù	degree
对称轴	duìchènzhóu	axis of symmetry
对数	duìshù	logarithm
对数的底	duìshù de dǐ	base of a logarithm
对数函数	duìshù hánshù	logarithmic function
钝角	dùnjiǎo	obtuse angle
钝角三角形	dùnjiǎo sānjiǎoxíng	obtuse-angled triangle
多重根	duōchónggēn	multiple root
多项式	duōxiàngshì	polynomial

多项式的次数	duōxiàngshì de cì shù	degree of a polynomial
多项式因式分解	duōxiàngshì yīnshì fēnjiě	polynomial factorization
二倍角	èr bèi jiǎo	double angle
二倍角公式	èr bèi jiǎo gōngshì	double-angle formula
二次方程	èr cì fāngchéng	quadratic equation
二项式	èrxiàngshì	binomial
反函数	fǎn hánshù	inverse function
反三角函数	fǎn sānjiǎo hánshù	inverse trigonometric function
反余割	fǎn yúgē	arc cosecant
反余切	fǎn yúqiē	arc cotangent
反余弦	fǎn yúxián	arc cosine
反正割	fǎn zhènggē	arc secant
反正切	fǎn zhèngqiē	arc tangent
反正弦	fǎn zhèngxián	arc sine
方程	fāngchéng	equation
方程解	fāngchéng jiě	solution of an equation
分母	fēnmǔ	denominator
分配律	fēnpèilǜ	distributive law
分子	fēnzǐ	numerator
负	fù	negative
负角	fù jiǎo	negative angle
负数	fùshù	negative number
高	gāo	height
根式	gēnshì	radical expression
公倍	gōng bèi	common multiple
公比	gōngbǐ	common ratio
公差	gōngchā	common difference
公分母	gōng fēnmǔ	common denominator
公理	gōnglǐ	axiom
公式	gōngshì	formula
公因子	gōng yīnzǐ	common factor

公约数	gōng yuēshù	common divisor
勾股定理	gōugǔ dìnglǐ	Pythagorean theorem
函数	hánshù	function
函数的自变量	hánshù de zìbiànliàng	argument of a function
和	hé	sum
恒等映射	héngděng yìngshè	identity mapping
横坐标	héng zuòbiāo	abscissa
弧	hú	arc
弧长	húcháng	arc length
弧度	húdù	radian
弧度制	húdùzhì	radian measure
互相垂直	hùxiāng chuízhí	mutually perpendicular
奇的	jī de	odd
奇函数	jī hánshù	odd function
奇偶性	jī-ǒuxìng	parity
奇数	jīshù	odd number
积化和差公式	jī huà hé chā gōngshì	product-to-sum formula
集合	jíhé	set
几何	jǐhé	geometry
计算	jìsuàn	calculation
加	jiā	add
加法	jiāfǎ	addition
夹角	jiājiǎo	included angle
减	jiǎn	subtract
减法	jiǎnfǎ	subtraction
交集	jiāojí	intersection
交线	jiāoxiàn	line of intersection
角	jiǎo	angle
角度	jiǎodù	degree
角度制	jiǎodùzhì	degree measure
角平分线	jiǎo píngfēnxiàn	angle bisector

阶乘	jiēchéng	factorial
阶梯函数	jiētī hánshù	step function
截距	jiéjù	intercept
截距式	jiéjùshì	intercept form
解	jiě	solution
解集	jiějí	solution set
矩形	jǔxíng	rectangle
距离	jùlí	distance
绝对值	juéduìzhí	absolute value
开区间	kāi qūjiān	open interval
可整除	kě zhěng chú	divisible
空集	kōngjí	empty set
宽	kuān	width
两平面的交角	liǎng píngmiàn de jiāojiǎo	angle between two planes
零	líng	null, zero, nought
零点	língdiǎn	zero point
零角	língjiǎo	zero angle
满射	mǎnshè	surjection
幂 / 乘方	mì/chéngfāng	power
幂函数	mì hánshù	power function
面	miàn	plane
面积	miànjī	area
命题	mìngtí	proposition
命题演算	mìngtí yǎnsuàn	propositional calculus
内积	nèijī	inner product
逆关系	nì guānxì	inverse relation
逆映射	nì yìngshè	inverse mapping
偶函数	ǒu hánshù	even function
偶数	ǒushù	even number
抛物线	pāowùxiàn	parabola
平角	píngjiǎo	straight angle

平均数	píngjūnshù	average
平面	píngmiàn	plane
平行（的）	píngxíng (de)	parallel
平行四边形	píngxíng sìbiānxíng	parallelogram
平行直线	píngxíng zhíxiàn	parallel lines
倾斜角	qīngxiéjiǎo	angle of inclination
区间	qūjiān	interval
曲线	qūxiàn	curve
全集	quánjí	universal set
锐角	ruìjiǎo	acute angle
锐角三角形	ruìjiǎo sānjiǎoxíng	acute-angled triangle
三角函数	sānjiǎo hánshù	trigonometric function
三角形	sānjiǎoxíng	triangle
三角形内角和	sānjiǎoxíng nèijiǎo hé	angle sum of a triangle
射线	shèxiàn	ray
实数	shíshù	real number
属于	shǔyú	belong to
数	shù	number
数列	shùliè	sequence of numbers
数学	shùxué	mathematics
数轴	shùzhóu	number line
双曲线	shuāng qūxiàn	hyperbola
水平的 / 水平	shuǐpíng de/shuǐpíng	horizontal
水平渐近线	shuǐpíng jiànjìnxiàn	horizontal asymptote
顺时针方向	shùnshízhēn fāngxiàng	clockwise direction
四边形	sìbiānxíng	quadrilateral
算术	suànshù	arithmetic
算术平均	suànshù píngjūn	arithmetic mean
梯形	tīxíng	trapezoid
通项	tōngxiàng	general term
同一律	tóngyīlǜ	identity law

椭圆	tuǒyuán	ellipse
未知数	wèizhīshù	unknown, x-factor, y-factor, z-factor
无理数	wúlǐshù	irrational number
系数	xìshù	coefficient
线	xiàn	line
线段	xiànduàn	line segment
相等	xiāngděng	equal
相交	xiāngjiāo	intersect
相交角 / 交角	xiāngjiāojiǎo/jiāojiǎo	angle of intersection
象限	xiàngxiàn	quadrant
小数	xiǎoshù	decimal
斜边	xiébiān	hypotenuse
斜截式	xiéjiéshì	slope-intercept form
斜率	xiélǜ	slope
虚数	xūshù	imaginary number
旋转	xuánzhuǎn	rotate
旋转轴	xuánzhuǎn zhóu	axis of rotation
一次方程	yī cì fāngchéng	simple equation
一一对应	yīyī-duìyìng	one-to-one correspondence
一元方程	yī yuán fāngchéng	equation with one unknown
因式分解法	yīnshì fēnjiě fǎ	factorization method
映射	yìngshè	mapping
有理数	yǒulǐshù	rational number
余割	yúgē	cosecant
余切	yúqiē	cotangent
余弦	yúxián	cosine
元素	yuánsù	element
原点	yuándiǎn	origin
圆	yuán	circle
圆的标准方程	yuán de biāozhǔn fāngchéng	standard equation of a circle
圆的一般方程	yuán de yìbān fāngchéng	general equation of a circle

圆心	yuánxīn	center of a circle
圆周	yuánzhōu	circumference
圆周率	yuánzhōulǜ	pi, π
增函数	zēng hánshù	increasing function
真子集	zhēn zǐjí	proper subset
整数	zhěngshù	integer
正方形	zhèngfāngxíng	square
正割	zhènggē	secant
正切	zhèngqiē	tangent
正数	zhèngshù	positive number
正弦	zhèngxián	sine
证明	zhèngmíng	prove
直角	zhíjiǎo	right angle
直角三角形	zhíjiǎo sānjiǎoxíng	right triangle
直角坐标系	zhíjiǎo zuòbiāoxì	rectangular coordinate system
直径	zhíjìng	diameter
直线	zhíxiàn	straight line
直线方程	zhíxiàn fāngchéng	equation of a straight line
直线图像	zhíxiàn túxiàng	straight line graph
直线斜率	zhíxiàn xiélǜ	slope of a straight line
直线与平面的交角	zhíxiàn yǔ píngmiàn de jiāojiǎo	angle between a line and a plane
值域	zhíyù	range
指数	zhǐshù	exponent
指数函数	zhǐshù hánshù	exponential function
中心	zhōngxīn	center
重心	zhòngxīn	center of gravity
周长	zhōucháng	perimeter
周角	zhōujiǎo	perigon
周期	zhōuqī	period
周期函数	zhōuqī hánshù	periodic function
轴	zhóu	axis

子集	zǐjí	subset
自然对数	zìrán duìshù	natural logarithm
自然数	zìránshù	natural number
纵坐标	zòng zuòbiāo	ordinate
最大值	zuìdàzhí	maximum value
最小公倍数	zuì xiǎo gōng bèishù	least/lowest common multiple
最小值	zuìxiǎozhí	minimum value
坐标	zuòbiāo	coordinate
坐标系	zuòbiāoxì	coordinate system

第九章　物理教学大纲

一、课程基本信息

课程名称： 物理

课程类别： 必修

总　学　时： 课堂教学 64 学时，课外辅导 35 学时

适用对象： 准备进入理工类专业学习的具有高中毕业以上（含高中毕业）学历的外国留学生

先修课程： 预科基础汉语

推荐教材： 肖立峰　编，《物理》(第 2 版)，北京：北京语言大学出版社，2019 年 1 月。

参考书目： [1] 肖立峰　编，《物理一点通》，北京：北京语言大学出版社，2020 年 1 月。

[2] 普通高级中学教科书《物理》。

二、课程性质与目标

预科物理是理工科预科生自然科学学习领域中的一门基础课程，与本科教育的大学物理及相关专业课程相衔接。为来华留学预科生开设的基础汉语以及科技汉语是预科物理的先修课程。预科物理一般安排在预科学习的第二个学期开设，如果学生的语言水平允许，可以适当提前开设。

本课程的主要目标是在语言方面强化预科生的物理及理工类专业词汇，为其未来的本科专业学习奠定基础。通过本课程的学习，预科生能够将以前所学物理知识与汉语物理词汇联系起来，增强对物理概念的理解，掌握物理知识的脉络；能够用中文学习物理知识，用中文表达物理概念，用中文解决物理问题；具备在高校学习理工科专业所必需的基础物理知识，掌握物理学的基础词汇、基本概念、基础知识、基本理论，并可以使用物理学的基本理论解决一些基本的问题，解释基本的自然现象，为顺利进入中国各大学完成本科专业学习奠定基础。

三、教学内容与要求

预科物理的教学内容主要分为力、电磁、波、热、光五个部分。在教学过程中要重视对学生已学物理知识的复习与回顾，加强学生对中文物理学词汇的理解与掌握，并注意与本科物理知识的衔接。

考虑到预科生当下与将来的实际学习情况，教学内容既要求基本能够涵盖所有的物理知识面，同时，课时量又不能过多。为了解决这一矛盾，就要求在教学过程中做到有点有面，点面结合，突出重点，兼顾全面。

本课程的教学内容主要分为“基础部分（A)”“辅助部分（B)”和“选学部分（C)”三个层次。“基础部分（A)”要求：不但能够掌握知识点所涉及的专业词汇和符号的发音和书写形式，而且能够对知识点的内容有较深入的认识，能够解释、举例或变形、推断，并利用所学知识点解决简单问题；这部分内容一般都是物理学中的重要知识点，占考核内容的85%～95%，要求主讲教师分配较多的课时，加强相关知识的教学。“辅助部分（B)”要求：能够掌握知识点所涉及的专业词汇和符号的发音和书写形式，对知识点内容有初步的认识；这部分内容主要是相对次要的知识点，或者虽然重要却很难展开讲解，只要求主讲教师利用较少课时带领学生学习相关词汇，并大致了解相关的物理学概念与知识，使其将汉语物理词汇与以前所学的物理知识联系起来即可，不必进行深入讲解，该部分占考核内容的5%～15%。“选学部分（C)”是学生课后自学的部分，不做硬性要求。

详细的知识点及教学要求如表1所示：

表1　知识点及教学要求

知识点		教学要求	备注
一、力学（34学时）			
1. 力	力的概念（包括力的三要素、力的矢量性）	A	掌握力的三要素，理解并掌握矢量、标量的概念，并能判断物理量是否为矢量、标量
	力的图示以及各种力的名称	B	能够看懂力的图示
	重力的概念（包括重力的来源、大小和方向）	A	掌握 $G=mg$ 公式，并能应用公式做相应计算
	弹力以及胡克定律的内容和公式	A	掌握 $f=kx$ 公式，并能应用公式做相应计算
	摩擦力的分类、产生的条件、方向，最大静摩擦力的概念	B	知道摩擦力的分类
	滑动摩擦力公式	A	掌握滑动摩擦力的公式 $f=\mu f_N$
	力的合成与分解、平行四边形法则	A	能进行特殊角度的力的合成与分解，例如，直角、同向与反向
2. 运动	质点与参考系的概念	B	了解相关概念
	位移、路程的概念以及区别	B	知道位移是矢量，路程是标量，能够判断位移与路程的区别，并能解决关于位移与路程的问题
	匀速运动的概念以及图示	A	掌握匀速直线运动公式，并能解决相关问题

续表

知识点		教学要求	备注
	平均速度、瞬时速度的概念、图示以及速度和速率的区别	B	能够求平均速度
	加速度以及匀变速直线运动的规律和位移公式	A	熟练掌握匀加速直线运动的速度公式和位移公式，了解初速度、末速度、加速度的概念，并能求加速度
	自由落体运动的规律以及计算	A	理解并掌握自由落体运动的公式，并能用公式进行计算
	匀速圆周运动的角速度、线速度和周期的概念以及他们之间的关系	A	掌握圆周运动基本运算公式，会使用该公式解决基本问题
	向心力、向心加速度的概念以及公式	C	学生自学，不做要求
3. 牛顿运动定律	牛顿第一定律的内容、意义以及惯性的概念	A	掌握惯性的概念，理解质量是惯性大小的唯一量度，理解力是改变物体运动状态的原因
	牛顿第二定律一般表述的含义	A	理解并掌握牛顿第二定律 $F = ma$ 公式，并能用公式进行计算，理解合外力提供加速度
	牛顿第三定律的表述与含义、作用力与反作用力的概念	B	了解牛顿第三定律，知道作用力与反作用力的概念
4. 动量	动量的概念	A	理解并掌握动量的概念及公式，并能应用公式与概念做相应计算
	冲量的概念	A	理解并掌握冲量的概念及公式，并能应用公式与概念做相应计算
	动量定理	B	知道动量定理表述的物理概念
	动量守恒定律的概念、应用以及适用条件和适用范围	A	掌握动量守恒定律的基本概念，并会使用该定律解决相关问题
5. 机械能	功的概念、计算公式以及正功、负功的概念	A	理解并掌握功的概念与公式，并能应用公式做相应计算，了解正功、负功的概念
	功率的概念与计算公式	B	了解功率的概念
	动能的概念、动能定理	A	理解并掌握动能、动能定理，并能用公式进行计算
	重力势能的概念以及重力势能的变化与重力做功的关系	A	理解并掌握重力势能的概念，并能应用公式做相应计算，了解重力势能的变化与重力做功的关系

续表

知识点		教学要求	备注
	机械能守恒定律	A	理解并掌握机械能与能量守恒定律，并能应用公式做相应计算，了解机械能的组成
二、电磁学（24 学时）			
1. 电场	电荷、电量及电荷守恒定律	B	了解正负电荷、电量的概念，知道正负电荷相互作用的特点，了解电荷守恒规律，电荷中和与交换
	库仑定律的含义、公式以及相关的计算	A	理解并掌握库仑定律，并能应用公式进行相关的计算，了解电场力的概念
	电场强度的概念、公式与叠加原理	A	理解并掌握电场强度的概念、公式与电场叠加原理，点电荷的场强分布公式，并能做相应计算
	电场线与匀强电场的概念	B	了解电场线的规律与性质，理解匀强电场的概念
	导体处于静电平衡时的特点	C	学生自学，不做要求
	电势、电势差和电势能的概念	B	了解电势和电势差的概念与性质，知道沿着电力线方向电势降低，了解电场力做功和电势能改变的关系
	电场力做功	B	能做简单的电场力做功的计算
	等势面的概念	C	学生自学，不做要求
	匀强电场中电势差跟电场强度的关系	B	知道公式 $U = Ed$
	带电粒子在匀强电场中的运动	A	主要在计算题中应用（限定在直线运动）
	电容器、电容的定义和定义式以及相关计算	C	学生自学，不做要求
2. 直流电路	形成电流的条件、电流强度的概念和电阻的定义式	C	学生自学，不做要求
	欧姆定律以及相关计算	A	理解并掌握电流、电压、电阻的概念以及欧姆定律，并能应用公式进行相关计算
	电功和电功率的概念、公式以及相关计算	A	了解电功和电功率的概念，能用公式 $W = UIt$、$P = UI$ 进行简单计算
	串、并联电路的基本特点	A	理解并掌握串、并联电路的基本特点，并能根据单纯的串、并联解决相关问题

续表

<table>
<tr><th colspan="2">知识点</th><th>教学要求</th><th>备注</th></tr>
<tr><td></td><td>闭合电路欧姆定律以及电动势的定义</td><td>C</td><td>学生自学，不做要求</td></tr>
<tr><td rowspan="5">3. 磁场</td><td>磁场的产生和磁场的基本特性</td><td>B</td><td>了解磁场的基本特性，磁感线的概念、特点</td></tr>
<tr><td>磁感强度的概念、匀强磁场的特点</td><td>B</td><td>了解磁感强度的概念、匀强磁场的特点，知道磁感应强度的单位是 T</td></tr>
<tr><td>安培力的计算公式以及左手定则</td><td>A</td><td>理解并掌握安培力的计算公式以及左手定则（仅限于三者相互垂直的情况）</td></tr>
<tr><td>洛伦兹力的计算公式</td><td>C</td><td>学生自学，不做要求</td></tr>
<tr><td>带电粒子在匀强磁场中做匀速圆周运动的规律以及运动的半径、周期公式</td><td>C</td><td>学生自学，不做要求</td></tr>
<tr><td rowspan="3">4. 电磁感应</td><td>磁通量的概念</td><td>B</td><td>了解基本现象，知道基础概念</td></tr>
<tr><td>磁通量的概念</td><td>A</td><td>理解磁通量的概念，并能利用公式 $\Phi = BS$ 计算磁通量</td></tr>
<tr><td>法拉第电磁感应定律以及感应电动势的概念</td><td>C</td><td>学生自学，不做要求</td></tr>
<tr><td colspan="4">三、振动与波（2 学时）</td></tr>
<tr><td colspan="2">简谐运动的概念（包括位移、回复力的变化以及振幅、周期、频率的关系）</td><td>A</td><td>理解位移与回复力的关系，周期与频率的关系以及加速度、速度、振幅的概念，并能解决相关问题</td></tr>
<tr><td colspan="2">单摆的概念以及单摆做简谐振动的条件，单摆的周期公式与相关计算</td><td>C</td><td>学生自学，不做要求</td></tr>
<tr><td colspan="2">简谐运动图像的意义</td><td>C</td><td>学生自学，不做要求</td></tr>
<tr><td colspan="2">机械波的形成和传播</td><td>C</td><td>学生自学，不做要求</td></tr>
<tr><td colspan="2">波长、波速和频率以及它们之间的关系波的图像</td><td>A</td><td>理解波长、波速和频率的概念，并能利用公式 $v=\lambda f$ 进行简单计算</td></tr>
<tr><td colspan="4">四、热学（2 学时）</td></tr>
<tr><td>1. 分子运动理论</td><td>分子的大小以及数量级的概念</td><td>C</td><td>学生自学，不做要求</td></tr>
<tr><td>2. 热力学</td><td>描述气体状态的三个参量（温度、体积、压强）的意义</td><td>B</td><td>知道温度、体积、压强的概念</td></tr>
</table>

续表

知识点		教学要求	备注
	理解热力学温度的意义	B	知道热力学温度与摄氏度的换算公式
	理想气体状态方程以及适用条件和相关计算	A	理解并掌握理想气体状态公式 $pV/T = C$，并能利用公式进行计算
五、光学（2学时）			
几何光学	光的直线传播和光线的概念	B	了解基本现象，知道基础概念
	光速的概念	B	了解基本现象，知道基础概念
	光的反射定律与光的折射定律以及相关计算	A	理解并掌握反射定律、折射定律，并能应用公式与概念做相应计算
	折射率的概念	B	知道折射率的概念
	全反射的规律以及光疏介质、光密介质、临界角的概念	C	学生自学，不做要求

四、教学方法与建议

本课程在教学过程中需要把握以下五个原则：（1）为了解决学生学习过程中的阅读困难，应该精简汉语的解释，着重于物理概念与物理公式的理解。（2）加强例题的针对性，适当增加习题数量，通过练习加深学生对物理知识的掌握与理解。（3）注重与大学物理知识的衔接，逐步培养学生的物理素养。（4）考虑到学生的特点，教学应该遵循先慢后快、先易后难的原则，对较难展开的知识点可以只做介绍性讲解，使学生先掌握相关物理词汇。（5）在教学中注意与学生的互动，通过多媒体课件加深学生对物理知识的理解与回顾。

五、教学进度与课时安排

课上64学时，其中力学部分34学时，电磁学部分24学时，振动与波部分2学时，热学部分2学时，光学部分2学时；课下需要35学时。需要说明的是，力学部分课时偏多，主要是考虑到课程刚开始，进度不宜过快。

表2　学时分配

教学内容		课上学时	课下学时
一、力学		34	17
力	力和力的图示 力的种类：重力、弹力、摩擦力 力的合成与分解、平行四边形法则	8	4

续表

教学内容		课上学时	课下学时
运动	基本概念：质点、参考系、位移和路程、速率与速度、平均速度与瞬时速度、匀速直线运动规律 匀变速直线运动规律、加速度 自由落体运动、重力加速度 匀速圆周运动规律：线速度、角速度、周期、频率	10	5
牛顿运动定律	牛顿第一运动定律、牛顿第二运动定律、牛顿第三运动定律	4	2
动量、机械能	动量、冲量及动量守恒、功、功率、功和能、动能和动能定理、机械能守恒定律及其应用	12	6
二、电磁学		24	12
电场	点电荷、电荷守恒、库仑定律、电场、电场强度、电场线、匀强电场、电势差、电势	8	4
直流电路	欧姆定律 串联与并联 电功与功率	5	2
磁场	电流的磁场、磁感应强度、磁力线、安培定则、磁场对通电直导线的作用、安培力、左手定则	7	4
电磁感应	电磁感应现象、感应电流的方向、右手定则、磁通量、法拉第电磁感应定律	4	2
三、振动与波		2	2
机械振动和机械波	简谐运动的振幅、周期和频率、简谐运动图像、机械波、横波和纵波、波长、频率和波速之间的关系	2	2
四、热学		2	2
热力学	气体压强、温度、体积、理想气体状态方程	2	2
五、光学		2	2
光的反射和折射	光的直线传播、光速、光的反射定律、光的折射定律、折射率	2	2

六、课程考试与成绩评定

考核方式：闭卷笔试。学生统一参加中国政府奖学金本科来华留学生预科教育结业考试。

附录 1：开课前需要掌握的词汇

1. 数学词汇：

加 减 乘 除 大于 小于 等于 大小

三角形（锐角、钝角、直角、等腰三角形、等边三角形、正三角形）

四边形（平行四边形、矩形、梯形、正方形、长方形）

实数 正数 负数 整数 根号 开平方 开立方 平方 直线

曲线 正比 反比 倒数

2. 普通词汇：

但 却 其 者 此 该 即 求 解 且

包括 薄膜 保持 本领 本身 绷紧 比较 彼此 表达式 表明

表示 撤去 称为 称之为 成立 程度 粗糙 大拇指 代表 代替

得到 等效 抵消 定量 定义 发生 凡是 反之 分布 分类

分析 符号 符合 概念 根据 关系 观察 观点 广泛 规定

规律 轨迹 过程 宏观 忽略不计 恢复 基础 集中 计量 计算

接触 结论 解释 介绍 精确 具有 考虑 可见 联系 量度

另外 流程 笼统 略大于 排斥 偏离 普遍 其中 倾斜 情况

趋势 确立 确切 任务 如何 如下 三者之积 设计 涉及 施加

释放 收缩 属性 属于 说明 所有 特征 提供 条件 通常

通俗 图示 推理 推论 微观 唯一的 维持 未知 无须 吸引

显示 现象 限度 相对 相互 相互之间 效果 斜面 形式 形象

性质 悬挂 压缩 研究 一致 依据 已知 意义 因素 引起

影响 原因 原状 运算 证明 逐渐 转化 准确 准确地 总是

总之 遵守 遵循 作为

附录 2：本课程每个知识点需要掌握的词汇

教学内容	词汇
一、力学	
1. 力 力和力的图示 力的种类：重力、弹力、摩擦力 力的合成与分解	A 级词汇： 施力物体、受力物体、要素、方向、大小、作用点、矢量、标量、重力、弹力、弹簧、伸长、水平面、动力、阻力、摩擦力、滑动摩擦力、静摩擦、摩擦因数（系数）、合成、分解、平衡 B 级词汇： 支持力、压力、拉力、万有引力、竖直向下、垂直、重心、弹性形变、非弹性形变、胡克定律、运动趋势、合力、分力、共点力
2. 运动 基本概念：质点、参考系、位移和路程、速率与速度、平均速度与瞬时速度、匀速直线运动规律 匀变速直线运动规律、加速度 自由落体运动、重力加速度 匀速圆周运动	A 级词汇： 质点、坐标系、时间、时刻、位移、路程、速度、平均速度、匀速直线运动、匀加速直线运动、初速度、末速度、自由落体运动、匀速圆周运动、线速度、角速度、周期、频率 B 级词汇： 理想模型、参考系、瞬时速度、变速直线运动、匀变速直线运动、重力加速度、静力学、运动学、曲线运动、平抛运动、向心力、向心加速度、速率
3. 牛顿运动定律 牛顿第一运动定律 牛顿第二运动定律 牛顿第三运动定律 牛顿运动定律的应用	A 级词汇： 惯性、正比、反比、作用力、反作用力、静止 B 级词汇： 动力学、理想实验、单位制、基本单位、导出单位、惯性系、非惯性系
4. 动量、机械能 动量、冲量及动量守恒 功、功率、功和能 动能和动能定理 机械能守恒定律及其应用	A 级词汇： 动量、冲量、碰撞、守恒、机械能、动能、势能、功、功率 B 级词汇： 打击、爆炸、重力势能、参考平面、弹性势能、弹性系数

二、电磁学	
1. 电场 元电荷、点电荷、电荷守恒、库仑定律、电场、电场强度、电场线、匀强电场、电势差、电势	A 级词汇： 电荷、排斥、吸引、库仑、增强、减弱、电场强度 B 级词汇： 中和、守恒定律、绝缘、金属导体、静电感应、电子、质子、元电荷、带电体、电力线、电势、电容、平行板电容器、荷质比
2. 直流电路 欧姆定律 路端电压和电阻的关系	A 级词汇： 直流、电压、电阻、电流 B 级词汇： 欧姆定律、回路、电动势
3. 磁场 电流的磁场、磁感应强度、磁力线、安培定则、磁场对通电直导线的作用、安培力、左手定则	A 级词汇： 磁场、磁感应强度、磁力线、安培力、匀强磁场 B 级词汇： 安培定则、分子电流、洛伦兹力
4. 电磁感应 电磁感应现象、感应电流的方向、右手定则、磁通量、法拉第电磁感应定律、楞次定律	A 级词汇： 电磁感应、感应电流、磁通量、变化率 B 级词汇： 法拉第电磁感应定律、楞次定律
三、振动与波	
简谐运动的振幅、周期和频率、简谐运动图像、单摆、单摆周期公式、机械波、横波和纵波、波长、频率和波速之间的关系	A 级词汇： 简谐振动、回复力、平衡位置、振幅、波长、波速 B 级词汇： 单摆、机械振动、机械波、相位、横波、纵波
四、热学	
1. 分子运动理论	B 级词汇： 分子、热学、原子、离子、直径、阿伏伽德罗常数、扩散、布朗运动、分子热运动、平均动能、分子势能、分子间相互作用力、引力、斥力、平衡位置、内能、做功、热传递、吸热、放热、微观、宏观
2. 理想气体状态方程	A 级词汇： 体积、压强、温度、等温变化、等容变化、等压变化 B 级词汇： 热力学温度、摄氏温度、气缸、活塞、标准大气压

五、光学	
光的直线传播、光的反射定律、光的折射定律、折射率、全反射和临界角	A级词汇： 传播、介质、入射、反射、折射、反射角、入射角、折射角、折射率 B级词汇： 平面镜、虚像、实像、折射光线、入射光线、反射光线、均匀介质、影、月食、日食、光线、平行光束、发散光束、会聚光束、光速、薄透镜、焦点、焦距、焦平面、物距、像距、成像公式、放大率、真空、临界角、全反射、光密介质、光疏介质、棱镜、色散、光谱、红光、紫光、偏折角、透镜、凸透镜、凹透镜

附录 3：专业词汇汉英对照表

汉语	拼音	英文
阿伏伽德罗常数	Āfújiādéluó Chángshù	Avogadro constant
安培力	ānpéilì	Ampère’s force
凹面	āomiàn	concave
凹透镜	āotòujìng	diverging lens
半波长	bàn bōcháng	half wavelength
包括	bāokuò	include
薄透镜	báo tòujìng	thin lens
保持不变	bǎochí bú biàn	remain unchanged
保守力	bǎoshǒulì	conservative force
爆炸	bàozhà	explosion
北极	běijí	north pole
本质	běnzhì	essence
比	bǐ	ratio
比例恒量	bǐlì héngliàng	proportionality constant
比值	bǐzhí	ratio
彼此接触	bǐcǐ jiēchù	in contact with each other
闭合	bìhé	close
闭合电路	bìhé diànlù	closed circuit
变化	biànhuà	change
变化率	biànhuàlǜ	rate of change
变速圆周运动	biànsù yuánzhōu yùndòng	non-uniform circular motion
标积	biāojī	scalar product
标量	biāoliàng	scalar quantity
表达式	biǎodáshì	expression

表面	biǎomiàn	surface
表征	biǎozhēng	characterization
并联	bìnglián	parallel connection
波动说	bōdòngshuō	wave theory
波峰	bōfēng	crest
波谷	bōgǔ	trough
波粒二象性	bō-lì èrxiàngxìng	wave-particle duality
参考点	cānkǎodiǎn	reference point
参考系	cānkǎoxì	reference frame
叉积	chājī	cross product
插入	chārù	insert
产生	chǎnshēng	produce
长度	chángdù	length
场源	chǎngyuán	field source
成立	chénglì	establish
乘积	chéngjī	the product of
橙光	chéngguāng	orange light
斥力	chìlì	repulsive force
冲量	chōngliàng	impulse
充电	chōngdiàn	charge
重新分配	chóngxīn fēnpèi	redistribute
抽出	chōuchū	extract
初始条件	chūshǐ tiáojiàn	initial condition
处处	chùchù	everywhere
穿过	chuānguò	pass through
串联	chuànlián	series connection
垂直	chuízhí	perpendicular
垂直方向	chuízhí fāngxiàng	perpendicular direction
磁场	cíchǎng	magnetic field

磁感线	cígǎnxiàn	magnetic induction line
磁感应强度	cígǎnyìng qiángdù	magnetic induction (intensity)
磁通量	cítōngliàng	magnetic flux
磁针	cízhēn	magnetic needle
粗糙	cūcāo	rough
存在	cúnzài	exist
打击	dǎjī	hit
大气压力	dàqì yālì	atmospheric pressure
带电粒子	dàidiàn lìzǐ	charged particle
带电体	dàidiàntǐ	charged body
单缝	dānfèng	single slit
单色光	dānsèguāng	monochromatic light
单位电荷	dānwèi diànhè	unit charge
单位矢量	dānwèi shǐliàng	unit vector
导体	dǎotǐ	conductor
导线	dǎoxiàn	wire
等价	děngjià	equivalence
等量的	děngliàng de	equivalent
等容变化	děngróng biànhuà	isochoric change
等温变化	děngwēn biànhuà	isothermal change
等效代替	děngxiào dàitì	equivalent substitute
等压变化	děngyā biànhuà	isobaric change
低速	dīsù	low speed
抵消	dǐxiāo	cancel, offset
点电荷	diǎndiànhè	point charge
点积	diǎnjī	dot product
电场力	diànchǎnglì	electric force
电场强度	diànchǎng qiángdù	electric field intensity
电场线	diànchǎngxiàn	electric field line

电池	diànchí	battery
电磁感应	diàncí gǎnyìng	electromagnetic induction
电磁力	diàncílì	electromagnetic force
电动势	diàndòngshì	electromotive force
电荷	diànhè	electric charge
电（荷）量	diàn(hè)liàng	quantity of electric charge
电介质	diànjièzhì	dielectric
电流强度	diànliú qiángdù	current intensity
电路	diànlù	circuit
电容	diànróng	capacitance
电容器	diànróngqì	capacitor
电势	diànshì	electric potential
电势差	diànshìchā	electric potential difference
电势为零	diànshì wéi líng	zero potential
电源	diànyuán	power supply
电子流	diànzǐliú	electron current
电阻	diànzǔ	resistance
靛光	diànguāng	indigo light
叠加	diéjiā	superposition
叠加原理	diéjiā yuánlǐ	superposition principle
定量	dìngliàng	quantitative
定向移动	dìngxiàng yídòng	directional movement
定则	dìngzé	rule
定轴转动	dìngzhóu zhuàndòng	fixed-axis rotation
动力学	dònglìxué	kinetics, dynamics
动量	dòngliàng	momentum
动量定理	Dòngliàng Dìnglǐ	theorem of momentum
动量守恒定律	Dòngliàng Shǒuhéng Dìnglǜ	law of conservation of momentum

动摩擦因数	dòngmócā yīnshù	coefficient of dynamic friction
动能	dòngnéng	kinetic energy
动能定理	Dòngnéng Dìnglǐ	theorem of kinetic energy
对角线	duìjiǎoxiàn	diagonal line
多边形法则	duōbiānxíng fǎzé	the polygon rule
额定	édìng	rated
发散	fāsàn	diverge
发散光束	fāsàn guāngshù	divergent beam
法向	fǎxiàng	normal
法向加速度	fǎxiàng jiāsùdù	normal acceleration
反比	fǎnbǐ	inverse ratio
反抗	fǎnkàng	resist
反射定律	Fǎnshè Dìnglǜ	law of reflection
反弹	fǎntán	rebound
反作用力	fǎn zuòyònglì	reacting force
方向	fāngxiàng	direction
放大率	fàngdàlǜ	magnification
放电	fàngdiàn	discharging
放热	fàngrè	exothermic
放入	fàngrù	let in
非保守力	fēibǎoshǒulì	non-conservative force
非惯性系	fēiguànxìngxì	non-inertial frame
分解	fēnjiě	resolution
分量	fēnliàng	component
分量式	fēnliàngshì	component form
分配	fēnpèi	distribution
分子	fēnzǐ	molecule
分子动理论	fēnzǐ dònglǐlùn	kinetic molecular theory
分子间作用力	fēnzǐ jiān zuòyònglì	intermolecular force

分子势能	fēnzǐ shìnéng	molecular potential energy
负	fù	negative
负功	fùgōng	negative work
副光轴	fù guāngzhóu	secondary optic axis
副焦点	fù jiāodiǎn	secondary focus
该点	gāi diǎn	this point
概括	gàikuò	generalize
感应电动势	gǎnyìng diàndòngshì	induced electromotive force
感应电流	gǎnyìng diànliú	induced current
干路	gànlù	main circuit
刚体	gāngtǐ	rigid body
刚体定轴转动	gāngtǐ dìngzhóu zhuàndòng	rotation of a rigid body about a fixed axis
刚体转动定律	gāngtǐ zhuàndòng dìnglǜ	rigid-body rotation law
功	gōng	work
关系	guānxì	relation
惯性	guànxìng	inertia
惯性系	guànxìngxì	inertial frame
惯性质量	guànxìng zhìliàng	inertial mass
光电效应	guāngdiàn xiàoyìng	photoelectric effect
光谱	guāngpǔ	spectrum
光束	guāngshù	beam
光线	guāngxiàn	ray (of light)
光心	guāngxīn	optical center
光源	guāngyuán	light source
光子	guāngzǐ	photon
规定	guīdìng	regulation
轨迹	guǐjì	orbit, locus
滚动摩擦	gǔndòng mócā	rolling friction
国际单位制	guójì dānwèizhì	international system of units

毫米汞柱	háomǐ gǒngzhù	millimeter of mercury
合成	héchéng	composite
合力	hélì	resultant force
恒定	héngdìng	constant
恒力	hénglì	constant force
恒量	héngliàng	constant
横截面	héngjiémiàn	cross section
红光	hóngguāng	red light
红外线	hóngwàixiàn	infrared ray
宏观	hóngguān	macroscopic
忽略不计	hūlüè bújì	neglect
弧长	húcháng	arc length
弧度	húdù	radian
胡克定律	Húkè Dìnglǜ	Hooke's law
滑动摩擦力	huádòng mócālì	sliding frictional force
滑轮	huálún	pulley
环绕	huánrào	surround
环形	huánxíng	ring, loop
黄光	huángguāng	yellow light
恢复	huīfù	recover
会聚	huìjù	converge
会聚光束	huìjù guāngshù	convergent beam
惠更斯	Huìgēngsī	Christiaan Huygens
机械能	jīxiènéng	mechanical energy
机械能守恒定律	Jīxiènéng Shǒuhéng Dìnglǜ	law of conservation of mechanical energy
基本规律	jīběn guīlǜ	basic law
基本性质	jīběn xìngzhì	basic properties
基本自然力	jīběn zìránlì	fundamental forces of nature
极	jí	pole

极板	jíbǎn	plate
极限	jíxiàn	limit
加强	jiāqiáng	reinforce
加速	jiāsù	accelerate
检验电荷	jiǎnyàn diànhè	test charge
减少	jiǎnshǎo	decrease
焦点	jiāodiǎn	focus
焦耳	jiāo'ěr	joule
焦距	jiāojù	focal distance
焦平面	jiāopíngmiàn	focal plane
角动量	jiǎodòngliàng	angular momentum
角动量守恒定律	Jiǎodòngliàng Shǒuhéng Dìnglǜ	law of conservation of angular momentum
角加速度	jiǎo jiāsùdù	angular acceleration
角速度	jiǎosùdù	angular velocity
叫作	jiàozuò	entitled
接触	jiēchù	contact
介质	jièzhì	medium
金属导体	jīnshǔ dǎotǐ	metallic conductor
劲度系数	jìndù xìshù	stiffness coefficient
静电感应	jìngdiàn gǎnyìng	electrostatic induction
静电平衡	jìngdiàn pínghéng	electrostatic equilibrium
静电屏蔽	jìngdiàn píngbì	electrostatic shielding
静摩擦力	jìng mócālì	static frictional force
静止	jìngzhǐ	static
决定	juédìng	determine
绝对值	juéduìzhí	absolute value
可见光	kějiànguāng	visible light
库仑	kùlún	coulomb

库仑定律	Kùlún Dìnglǜ	Coulomb's law
扩散	kuòsàn	diffusion
拉力（张力）	lālì (zhānglì)	pull
蓝光	lánguāng	blue light
离子	lízǐ	ion
理想模型	lǐxiǎng móxíng	ideal model
力	lì	force
力矩	lìjǔ	moment of force (torque)
联立	liánlì	simultaneous
量度	liángdù	measure
两端	liǎng duān	two ends
列方程	liè fāngchéng	set an equation
路程	lùchéng	path length
路端	lùduān	terminal
路径	lùjìng	path
绿光	lǜguāng	green light
伦琴射线	Lúnqín shèxiàn	roentgen rays
螺线管	luóxiànguǎn	solenoid
洛伦兹力	Luòlúnzī lì	Lorentz force
马德堡半球	Mǎdébǎo bànqiú	Magdeburg hemispheres
描述	miáoshù	description
明确	míngquè	definite
模	mó	module
模拟	mónǐ	simulate
摩擦生热	mócā shēng rè	friction produces heat
南极	nánjí	south pole
内部	nèibù	interior
内力	nèilì	internal force
内能	nèinéng	internal energy

能	néng	energy
逆过程	nìguòchéng	inverse process
逆时针	nìshízhēn	counterclockwise
牛顿运动定律	Niúdùn Yùndòng Dìnglǜ	Newton's laws of motion
欧姆定律	Ōumǔ Dìnglǜ	Ohm's law
偶数倍	ǒushù bèi	even number time
帕斯卡	pàsīkǎ	pascal
排斥	páichì	repel
判定	pàndìng	determine
判断	pànduàn	judge
抛射体运动	pāoshètǐ yùndòng	projectile motion
碰撞	pèngzhuàng	collision
偏转	piānzhuǎn	deflection
频率	pínlǜ	frequency
平动	píngdòng	translation
平分	píngfēn	bisection
平衡	pínghéng	balance
平均加速度矢量	píngjūn jiāsùdù shǐliàng	average acceleration vector
平均速度	píngjūn sùdù	average velocity
平面镜	píngmiànjìng	plane mirror
平行	píngxíng	parallel
平行光束	píngxíng guāngshù	parallel beam
平行四边形法则	píngxíng sìbiānxíng fǎzé	the parallelogram rule
普朗克常量	Pǔlǎngkè Chángliàng	Planck constant
气压	qìyā	air pressure
强力	qiánglì	strong force
切线	qiēxiàn	tangent
切向	qiēxiàng	tangential direction
切向加速度	qiēxiàng jiāsùdù	tangential acceleration

球壳	qiúké	spherical shell
区域	qūyù	area
曲线	qūxiàn	curve
热传递	rèchuándì	heat transfer
热量	rèliàng	heat
热现象	rèxiànxiàng	thermal phenomenon
热学	rèxué	thermology
任意	rènyì	any
日食	rìshí	solar eclipse
容纳	róngnà	accommodate
弱力	ruòlì	weak force
上抛	shàng pāo	upward projectile
射线	shèxiàn	ray
伸长	shēncháng	extend
伸直	shēnzhí	straighten
失去	shīqù	lose
时刻	shíkè	moment
实际	shíjì	actual
实心导体	shíxīn dǎotǐ	solid conductor
矢积	shǐjī	vector product
矢量	shǐliàng	vector
势能	shìnéng	potential energy
手心	shǒuxīn	palm center
手掌	shǒuzhǎng	palm
竖直	shùzhí	vertical
水平面	shuǐpíngmiàn	horizontal plane
瞬间	shùnjiān	instant
瞬时加速度矢量	shùnshí jiāsùdù shǐliàng	instantaneous acceleration vector

瞬时速度矢量	shùnshí sùdù shǐliàng	instantaneous velocity vector
速率	sùlǜ	speed
弹簧	tánhuáng	spring
弹力	tánlì	elastic force
弹性势能	tánxìng shìnéng	elastic potential energy
弹性系数	tánxìng xìshù	elasticity coefficient
弹性限度	tánxìng xiàndù	elastic limit
体积	tǐjī	volume
条件	tiáojiàn	condition
通电	tōngdiàn	electrify
同种	tóngzhǒng	homogeneity
投影	tóuyǐng	projection
透镜	tòujìng	lens
凸透镜	tūtòujìng	converging lens
外部	wàibù	exterior
弯曲	wānqū	bending
万有引力	wàn yǒu yǐnlì	universal gravitation
微粒说	wēilìshuō	corpuscular theory
未知	wèizhī	unknown
位移矢量	wèiyí shǐliàng	displacement vector
位置	wèizhì	position
位置矢量	wèizhì shǐliàng	position vector
温度	wēndù	temperature
握住	wòzhù	hold
无线电波	wúxiàn diànbō	radio wave
物距	wùjù	object distance
物体	wùtǐ	object
物体系	wùtǐxì	system of objects
物质	wùzhì	matter, substance

物质波	wùzhìbō	matter wave
吸热	xī rè	endothermic
吸引	xīyǐn	attract
下抛	xià pāo	downward projectile
现象	xiànxiàng	phenomenon
限制	xiànzhì	restrict
线速度	xiànsùdù	linear velocity
相对	xiāngduì	relative
相对论效应	xiāngduìlùn xiàoyìng	relativistic effect
相干波源	xiānggān bōyuán	coherent sources
相干光	xiānggān guāng	coherent light
相互	xiānghù	mutual
相互作用力	xiānghù zuòyònglì	interaction
相距	xiāngjù	apart
向心加速度	xiàngxīn jiāsùdù	centripetal acceleration
像距	xiàngjù	image distance
小孔成像	xiǎokǒng chéng xiàng	image through a pinhole
形变	xíngbiàn	deformation
形式	xíngshì	form
性质	xìngzhì	character, property
削弱	xuēruò	weaken
压缩	yāsuō	compress
沿着	yánzhe	along
研究对象	yánjiū duìxiàng	study object
一阶导数	yī jiē dǎoshù	first derivative
一致	yízhì	uniform
异种	yìzhǒng	heterogeneity
因素	yīnsù	factor
引力	yǐnlì	attractive force

引力常量	yǐnlì chángliàng	gravitational constant
引力质量	yǐnlì zhìliàng	gravitational mass
影	yǐng	shadow
右手螺旋法则	yòushǒu luóxuán fǎzé	right-hand screw rule
元电荷	yuándiànhè	elementary charge
原状	yuánzhuàng	original state
原子	yuánzǐ	atom
圆心角	yuánxīnjiǎo	central angle
月食	yuèshí	lunar eclipse
匀加速直线运动	yúnjiāsù zhíxiàn yùndòng	uniformly accelerated rectilinear motion
匀速圆周运动	yúnsù yuánzhōu yùndòng	uniform circular motion
匀速直线运动	yúnsù zhíxiàn yùndòng	uniform rectilinear motion
运动方程	yùndòng fāngchéng	equation of motion
运动学	yùndòngxué	kinematics
运动状态	yùndòng zhuàngtài	state of motion
增加	zēngjiā	increase
增量	zēngliàng	increment
折射定律	Zhéshè Dìnglǜ	law of refraction
真空	zhēnkōng	vacuum
正	zhèng	positive
正比	zhèngbǐ	proportional
正功	zhènggōng	positive work
支持力	zhīchílì	supporting force
支路	zhīlù	branch (circuit)
直角坐标系	zhíjiǎo zuòbiāoxì	rectangular coordinate system
直线传播	zhíxiàn chuánbō	rectilinear propagation
直线运动	zhíxiàn yùndòng	rectilinear motion
质点	zhìdiǎn	particle
质点系	zhìdiǎnxì	system of particles

质量	zhìliàng	mass
质心	zhìxīn	center of mass
中和	zhōnghé	neutralization
中心轴	zhōngxīnzhóu	central axis
重力	zhònglì	gravity
重力加速度	zhònglì jiāsùdù	acceleration of gravity
重力势能	zhònglì shìnéng	gravitational potential energy
重心	zhòngxīn	center of gravity
周期	zhōuqī	period
主光轴	zhǔguāngzhóu	principal axis
转化	zhuǎnhuà	conversion
转移	zhuǎnyí	transfer
转动	zhuàndòng	rotate
转动惯量	zhuàndòng guànliàng	moment of inertia
转动轴	zhuàndòngzhóu	rotational axis
状态量	zhuàngtàiliàng	state variable (state quantity)
紫光	zǐguāng	purple light
紫外线	zǐwàixiàn	ultraviolet ray
自感	zìgǎn	self-inductance
自由落体	zìyóu luòtǐ	free fall
阻碍	zǔ'ài	hinder
阻力	zǔlì	resistance
作用	zuòyòng	act upon
作用力	zuòyònglì	applied force
坐标	zuòbiāo	coordinate
坐标系	zuòbiāoxì	coordinate system
做功	zuògōng	do work

第十章 化学教学大纲

一、课程基本信息

课程名称： 化学

课程类别： 必修

总 学 时： 课堂教学 64 学时，课外辅导、自学 64 学时

适用对象： 准备进入理工、医学类专业学习的具有高中毕业以上（含高中毕业）学历的外国留学生

先修课程： 预科基础汉语

推荐教材： 秦学 主编，《化学》(第 2 版)，北京：北京语言大学出版社，2021 年 1 月。

二、课程性质与目标

预科化学是本科来华留学生预科阶段的专业基础课，是本科阶段化学类课程的前导课。本课程是以汉语为教学语言，以重要的化学专业汉语词汇与术语、基础的化学知识为主要教学内容的专业基础类课程。

本课程突出化学核心专业词汇和术语的汉语教学，避免出现艰涩、生僻的化学词汇及复杂、冗长的汉语语句。课程涉及的化学概念和规律、常见元素及其化合物的重要性质、化学实验方法和计算方法等，均以通俗易懂、简明扼要的汉语语言阐述。

本课程的目标是使来华留学预科生通过系统的学习，在较短的时间内掌握化学专业词汇和术语的汉语表述，为本科阶段化学类课程的学习打下语言基础。基本要求是：在内容方面，突出知识脉络，以便学生能够掌握大学专业学习中需要的化学词汇、基本概念、常见元素及其重要化合物、有机化学基础知识、基本化学计算、化学实验基础知识等知识点；在语言方面，强化日常生活和化学学习中需要的汉语化学词汇，同时要求学生在解题时能够正确理解题目意思，熟悉化学习题的解题方法，逐步听懂老师的汉语授课，可以比较自如地用汉语同老师讨论问题。

本课程的先修课程是基础汉语和科技汉语，以及中学数学、物理的简单知识。学生需要在基础汉语学习阶段认识 1000 个左右的汉字，能够阅读简单的汉语文章，能够听懂用汉语讲授的教学内容，能够使用汉语与授课教师进行沟通。

三、教学内容与要求

预科化学的教学内容主要包括：重要的化学概念和基本理论、元素及常见物质的性质、化学符号系统、氧化还原反应、元素周期律、溶液、化学反应速率与化学平衡、有机物的性质、简单的化学计算、基本化学化工实验等。在教学过程中要突出核心化学专业词汇的汉语教学，并注意与本科化学知识的衔接。

教学内容主要分为“基础部分（A）”“提高部分（B）”和“拓展部分（C）”。“基础部分（A）”是每个学生都必须掌握的内容。“提高部分（B）”是在A的基础上，要求学生能用掌握的知识对事实材料进行分析、概括、推理及综合应用。“拓展部分（C）”是为了与大学本科基础化学课程衔接而设置的内容，供学有余力的学生自主学习。

详细的教学内容及要求如表1所示：

表1　知识点及教学要求

知识点		教学要求	备注
1. 常见物质与基本规律	常见的物质及其状态，气态、液态、固态	A	化学基础知识
	空气及其组成、混合物与纯净物	A	
	水及其三态变化，熔化、汽化、沸腾、液化等变化过程	A	
	物质的燃烧、物理变化与化学变化、物理性质与化学性质	A	
	化学方程式，反应物与生成物、反应条件等概念	A	
2. 物质的构成与符号表示	分子与原子、微观粒子的特点	A	化学基础理论
	原子的组成、原子序数、核电荷数、质子数、中子数、核外电子数	A	
	质量数与质子数、中子数之间的相互关系，相对原子量	A	
	原子结构示意图、电子层结构	A	
	元素的概念、常见的元素及其符号表示	A	
	同位素、离子	A	
	单质与化合物	A	
	化学式、化学式的汉语命名规则、常见物质的化学式及汉语名称与俗称	A	
	氧化数的概念、物质的化学式的书写	A	
3. 常见的单质与氧化物	氧气的物理性质、氧气的化学性质（氧气与碳、氢气、硫等的反应）、氧气的常见用途	A	常见的单质与氧化物的性质与用途
	氢气的物理性质、氢气的化学性质（氢气的燃烧与爆炸、氢气与氧化物的反应）、氢气的常见用途	A	

续表

知识点		教学要求	备注
	碳的物理性质、碳的化学性质（碳的燃烧，高温时与氧化铜、二氧化碳等的反应）、碳的常见用途、同素异形体	A	
	氮气的物理性质、氮气的化学性质（氮气与氧气、氢气的反应）、氮气的常见用途、催化剂、可逆反应	B	
	氯气的物理性质、氯气的化学性质（氯气与金属、氢气、水、NaOH 的反应）、氯水的性质	B	
	钠的物理性质、钠的化学性质（钠与氧气、氯气、水的反应）	A	
	氧化物的概念	A	
	CO 的物理性质、CO 的化学性质（可燃性、还原性、毒性）、CO 的常见用途	A	
	CO_2 的物理性质、CO_2 的化学性质（CO_2 与水、碱、Mg 的反应）、CO_2 的常见用途、干冰、温室效应	A	
	SO_2 的物理性质、SO_2 的化学性质（SO_2 与水、氧气的反应、SO_2 的漂白性）、SO_2 的常见用途、大气污染物、酸雨	A	
	金属氧化物，CaO 与水的反应，Na_2O 与 Na_2O_2 的物理性质及其与水、CO_2 及酸的反应与常见用途	A	
4. 溶液及溶液中的化学反应	溶液、溶质、溶剂的概念，物质的溶解性	A	初中化学核心知识
	溶液质量分数的概念及简单计算	A	
	饱和溶液、不饱和溶液、溶解度、温度对溶解度的影响	A	
	酸、碱、盐的概念	A	
	酸碱指示剂及其变色范围	A	
	盐酸的性质、稀硫酸的性质、碳酸的性质、酸的通性（与酸碱指示剂、碱、活泼金属、金属氧化物的反应）、中和反应	A	
	NaOH 的性质、$Ca(OH)_2$ 的性质、碱的通性（与酸碱指示剂、酸、非金属氧化物的反应）、NaOH 的变质	A	
	Na_2CO_3 与 $NaHCO_3$ 的性质、四种基本反应类型、复分解反应的条件	B	
5. 化学键与元素周期律	化学键、离子键、共价键的概念	B	重要化学规律
	电子亚层结构、常见元素的电子排布式	C	
	周期、族	A	

续表

	知识点	教学要求	备注
	短周期元素性质的简单递变规律	A	
	卤素、碱金属性质的简单递变规律	B	
6. 简单的化学计算	物质的量及其单位——摩尔	A	进行简单化学计算的基本原理
	摩尔质量	A	
	阿伏伽德罗常数、物质的量与微粒（原子、分子、离子等）数目的关系	A	
	气体摩尔体积、物质的量与气体体积（标准状况下）的关系、物质的量浓度	A	
	理想气体、理想气体状态方程	C	大学知识点“化学平衡关系”的重要前导知识
	溶质的质量分数与物质的量浓度的换算	B	掌握使用汉语进行简单化学计算的方法
	化学式中元素的质量分数的计算	B	
	质量守恒定律及相关计算	B	
	化学方程式的简单计算	B	
7. 氧化还原反应	氧化和还原、氧化性和还原性、氧化剂和还原剂	A	高中化学核心知识，掌握常见物质的氧化性和还原性
	常见的氧化性物质和还原性物质	A	
	金属的还原性、金属的置换反应、金属与氧气的反应、金属与水的反应	A	
	硫化氢的可燃性、强还原性、热不稳定性	B	
	氨气的还原性，氨气与水、酸的反应，氨水的性质	A	
	浓硫酸的吸水性、脱水性、强氧化性	A	
	硝酸的酸性、强氧化性、不稳定性	B	
8. 基本的化学实验和化工生产	一定浓度溶液的配置、NaOH 溶液的配置	A	认识简单的化学化工实验
	浓溶液的稀释、浓硫酸的稀释	A	
	常见气体的实验室制法（制备、收集、干燥）：CO_2、H_2、O_2、Cl_2、NH_3 等	A	
	干燥剂，浓硫酸、碱石灰	A	
	漂白剂，漂粉精、SO_2、活性炭等	C	
	重要化工原料的化工生产：NaOH、H_2SO_4、NH_3 等	C	

续表

知识点		教学要求	备注
9. 化学反应速率、化学平衡	化学反应速率	A	高中化学核心知识
	外界条件（浓度、温度、压强、催化剂等）对反应速率的影响	A	
	化学反应的可逆性、化学平衡的含义	A	
	勒夏特列原理，浓度、温度、压强等条件对化学平衡移动的影响	B	
	化学平衡常数基本概念、用化学平衡常数判断化学反应进行的限度	C	大学知识点“化学平衡关系”的重要前导知识
10. 电解质溶液	电解质和非电解质、电解质的电离及离子方程式、强电解质和弱电解质、离子反应发生的条件	A	高中化学核心知识
	盐类水解的原理、盐溶液的酸碱性、酸碱指示剂（石蕊、酚酞等）在溶液中的变化	A	
	强酸强碱溶液 pH 的计算	A	
	电解质溶液中的酸碱平衡关系	A	大学知识点“溶液中的平衡关系”的重要前导知识
11. 化学变化中的能量变化关系	热化学方程式、焓变	C	大学知识点“电化学”的重要前导知识
	原电池原理、电解池原理、电极反应	C	
	电极反应式及其书写	C	
12. 有机化学基础知识	**1）有机化合物**		高中化学核心知识
	基团、官能团、同分异构体、同系物、结构式和结构简式，简单有机化合物的命名	A	
	2）甲烷、乙烯、乙炔、苯		
	甲烷的化学性质（氧化反应、跟氯气反应、受热分解）	A	
	乙烯的结构式与化学性质（跟溴水、水的反应，氧化反应，使高锰酸钾溶液褪色）、乙烯的实验室制法、乙烯的用途	A	
	乙炔的结构式、化学性质	A	
	苯的结构式、苯的性质（跟溴、氧气反应，硝化反应）	A	
	相应方程式的书写	B	
	3）烃的重要衍生物		
	乙醇、乙醛、乙酸等有机物的性质	A	
	相应方程式的书写	B	

四、教学方法与建议

建议在开课前，采用问卷调查、考试、考察等方式对学生的基础（化学基础知识和科技汉语水平）进行调查，根据调查结果，对有一定基础的学生进行“A + B”部分的教学，对没有基础或者基础较差的学生仅进行A部分的教学。

教师在教学过程中应把握以下三个方面：

1. 培养学生的化学思维，注重与大学化学知识的衔接，系统地教授化学知识。

2. 培养学生的学习能力，使其掌握科学的学习方法，能够找出学习的重点，学会做笔记，学会问问题。

3. 使学生掌握化学学科的基本用语、句型和功能模式，提高学生使用化学词汇的语言技能。

化学是一门实验课程，所以在条件允许的情况下，可以结合讲授在课堂上采用演示实验、实验录像等方式，提高学生学习兴趣，使学生了解实验的操作，理解所学内容。

根据开学摸底考试结果确定授课进度。前期授课时教师应控制语速及授课语言难度，特别是化学词汇和生词，在第一次讲授时尽量精简语言，如必要可加英语讲解。在后期授课中应逐步提高语速，使学生能够逐步适应大学课堂教学。

五、教学进度与课时安排

课堂教学学时：学期时长16周，每周4学时，共计64学时。建议课外辅导学时为64学时。课堂教学的具体学时分配见表2：

表2　学时分配（课堂教学）

知识点		建议学时
1. 常见物质与基本规律	常见的物质及其状态，气态、液态、固态	2
	空气及其组成、混合物与纯净物	
	水及其三态变化，熔化、汽化、沸腾、液化等变化过程	
	物质的燃烧、物理变化与化学变化、物理性质与化学性质	2
	化学方程式，反应物与生成物、反应条件等概念	
2. 物质的构成与符号表示	分子与原子、微观粒子的特点	2
	原子的组成、原子序数、核电荷数、质子数、中子数、核外电子数	
	质量数与质子数、中子数之间的相互关系，相对原子量	1
	原子结构示意图、电子层结构	
	元素的概念、常见的元素及其符号表示	1
	同位素、离子	

续表

知识点		建议学时
	单质与化合物	1
	化学式、化学式的汉语命名规则、常见物质的化学式及汉语名称与俗称	
	氧化数的概念、物质的化学式的书写	1
3. 常见的单质与氧化物	氧气的物理性质、氧气的化学性质（氧气与碳、氢气、硫等的反应）、氧气的常见用途	1
	氢气的物理性质、氢气的化学性质（氢气的燃烧与爆炸、氢气与氧化物的反应）、氢气的常见用途	1
	碳的物理性质、碳的化学性质（碳的燃烧，高温时与氧化铜、二氧化碳等的反应）、碳的常见用途、同素异形体	1
	氮气的物理性质、氮气的化学性质（氮气与氧气、氢气的反应）、氮气的常见用途、催化剂、可逆反应	1
	氯气的物理性质、氯气的化学性质（氯气与金属、氢气、水、NaOH的反应）、氯水的性质	1
	钠的物理性质、钠的化学性质（钠与氧气、氯气、水的反应）	1
	氧化物的概念	1
	CO的物理性质、CO的化学性质（可燃性、还原性、毒性）、CO的常见用途	
	CO_2的物理性质、CO_2的化学性质（CO_2与水、碱、Mg的反应）、CO_2的常见用途、干冰、温室效应	1
	SO_2的物理性质、SO_2的化学性质（SO_2与水、氧气的反应、SO_2的漂白性）、SO_2的常见用途、大气污染物、酸雨	1
	金属氧化物，CaO与水的反应，Na_2O与Na_2O_2的物理性质及其与水、CO_2及酸的反应与常见用途	1
4. 溶液及溶液中的化学反应	溶液、溶质、溶剂的概念，物质的溶解性	1
	溶液质量分数的概念及简单计算	
	饱和溶液、不饱和溶液、溶解度，温度对溶解度的影响	1
	酸、碱、盐的概念	1
	酸碱指示剂及其变色范围	
	盐酸的性质、稀硫酸的性质、碳酸的性质、酸的通性（与酸碱指示剂、碱、活泼金属、金属氧化物的反应）、中和反应	2
	NaOH的性质、$Ca(OH)_2$的性质、碱的通性（与酸碱指示剂、酸、非金属氧化物的反应）、NaOH的变质	2
	Na_2CO_3与$NaHCO_3$的性质、四种基本反应类型、复分解反应的条件	1

续表

	知识点	建议学时
5. 化学键与元素周期律	化学键、离子键、共价键的概念	1
	电子亚层结构、常见元素的电子排布式	
	周期、族	1
	短周期元素性质的简单递变规律	1
	卤素、碱金属性质的简单递变规律	1
6. 简单的化学计算	物质的量及其单位——摩尔	1
	摩尔质量	
	阿伏伽德罗常数、物质的量与微粒（原子、分子、离子等）数目的关系	
	气体摩尔体积、物质的量与气体体积（标准状况下）的关系、物质的量浓度	1
	理想气体、理想气体状态方程	自学
	溶质的质量分数与物质的量浓度的换算	1
	化学式中元素的质量分数的计算	1
	质量守恒定律及相关计算	1
	化学方程式的简单计算	1
7. 氧化还原反应	氧化和还原、氧化性和还原性、氧化剂和还原剂	1
	常见的氧化性物质和还原性物质	
	金属的还原性、金属的置换反应、金属与氧气的反应、金属与水的反应	1
	硫化氢的可燃性、强还原性、热不稳定性	1
	氨气的还原性，氨气与水、酸的反应，氨水的性质	1
	浓硫酸的吸水性、脱水性、强氧化性	1
	硝酸的酸性、强氧化性、不稳定性	1
8. 基本的化学实验和化工生产	一定浓度溶液的配置、NaOH 溶液的配置	1
	浓溶液的稀释、浓硫酸的稀释	
	常见气体的实验室制法（制备、收集、干燥）：CO_2、H_2、O_2、Cl_2、NH_3 等	2
	干燥剂，浓硫酸、碱石灰	1
	漂白剂，漂粉精、SO_2、活性炭等	
	重要化工原料的化工生产：NaOH、H_2SO_4、NH_3 等	自学

续表

知识点		建议学时
9. 化学反应速率、化学平衡	化学反应速率	2
	外界条件（浓度、温度、压强、催化剂等）对反应速率的影响	
	化学反应的可逆性、化学平衡的含义	1
	勒夏特列原理，浓度、温度、压强等条件对化学平衡移动的影响	1
	化学平衡常数基本概念、用化学平衡常数判断化学反应进行的限度	自学
10. 电解质溶液	电解质和非电解质、电解质的电离及离子方程式、强电解质和弱电解质、离子反应发生的条件	2
	盐类水解的原理、盐溶液的酸碱性、酸碱指示剂（石蕊、酚酞等）在溶液中的变化	2
	强酸强碱溶液 pH 的计算	1
	电解质溶液中的酸碱平衡关系	自学
11. 化学变化中的能量变化关系	热化学方程式、焓变	自学
	原电池原理、电解池原理、电极反应	自学
	电极反应式及其书写	自学
12. 有机化学基础知识	1）有机化合物	
	基团、官能团、同分异构体、同系物、结构式和结构简式，简单有机化合物的命名	1
	2）甲烷、乙烯、乙炔、苯	
	甲烷的化学性质（氧化反应、跟氯气反应、受热分解）	1
	乙烯的结构式与化学性质（跟溴水、水的反应，氧化反应，使高锰酸钾溶液褪色）、乙烯的实验室制法、乙烯的用途	1
	乙炔的结构式、化学性质	1
	苯的结构式、苯的性质（跟溴、氧气反应，硝化反应）	1
	3）烃的重要衍生物	
	乙醇、乙醛、乙酸等有机物的性质	2

六、课程考试与成绩评定

考核方式：闭卷笔试。学生统一参加中国政府奖学金本科来华留学生预科教育结业考试。

附录 1：开课前需要掌握的词汇

汉语	拼音	英文
半导体	bàndǎotǐ	semiconductor
变化	biànhuà	change
表现	biǎoxiàn	behave; exhibition
沉淀	chéndiàn	deposition, precipitation
氮气	dànqì	nitrogen
毒性	dúxìng	toxicity
二氧化碳	èryǎnghuàtàn	carbon dioxide
发生	fāshēng	happen, occur, take place
反应	fǎnyìng	reaction
非金属	fēijīnshǔ	nonmetal
沸点	fèidiǎn	boiling point
固态	gùtài	solid state
规律	guīlǜ	rule, law
过滤	guòlǜ	filtration
化学	huàxué	chemistry
浑浊的	húnzhuó de	muddy, turbid
混合	hùnhé	mix
结构	jiégòu	structure
金属	jīnshǔ	metal
静止	jìngzhǐ	motionless, static
空气	kōngqì	air
粒子	lìzǐ	particle
铝	lǚ	aluminium
密度	mìdù	density
浓溶液	nóng róngyè	strong solution, concentrated solution
浓缩	nóngsuō	concentrate, enrich
气态	qìtài	gaseous state

熔点	róngdiǎn	melting point
生锈	shēngxiù	rust
实验	shíyàn	experiment
示意图	shìyìtú	sketch map, diagram
收集	shōují	collect
属于	shǔyú	belong to
水蒸气	shuǐzhēngqì	water vapour, steam
铁	tiě	iron
铜	tóng	copper
透明的	tòumíng de	transparent
褪色	tuìsè	fade
微粒	wēilì	particulate
为	wéi	become, be
无色的	wúsè de	colorless
物理	wùlǐ	physics
物质	wùzhì	matter, substance
稀溶液	xī róngyè	weak solution, dilute solution
稀释	xīshì	dilute
下列	xiàliè	following
相互	xiānghù	one another, each other
性质	xìngzhì	property
氧气	yǎngqì	oxygen
冶金	yějīn	metallurgy
液态	yètài	liquid state
硬度	yìngdù	hardness
运动	yùndòng	move; motion
质量	zhìliàng	mass
周期	zhōuqī	period
组成	zǔchéng	form, make up; composition

附录 2：专业词汇汉英对照表

汉语	拼音	英文
氨	ān	ammonia
氨基酸	ānjīsuān	amino acid
铵盐	ǎnyán	ammonium salt
饱和链烃	bǎohé liàntīng	saturated aliphatic hydrocarbon
苯	běn	benzene
不饱和烃	bù bǎohé tīng	unsaturated hydrocarbon
臭氧	chòuyǎng	ozone
氚	chuān	tritium
醇	chún	alcohol
次氯酸钾	cìlǜsuānjiǎ	potassium hypochlorite
醋酸钠	cùsuānnà	sodium acetate
蛋白质	dànbáizhì	protein
氮族元素	dàn zú yuánsù	nitrogen group element
氘	dāo	deuterium
淀粉	diànfěn	starch
二氧化硅	èryǎnghuàguī	silicon dioxide
二氧化硫	èryǎnghuàliú	sulphur dioxide
二氧化锰	èryǎnghuàměng	manganese dioxide
芳香烃	fāngxiāngtīng	arene
肥皂	féizào	soap
酚	fēn	phenol
酚酞	fēntài	phenolphthalein
甘油	gānyóu	glycerol
高分子化合物	gāofēnzǐ huàhéwù	polymer
硅酸盐	guīsuānyán	silicate
过氧化氢	guòyǎnghuàqīng	hydrogen peroxide
甲烷	jiǎwán	methane

碱金属	jiǎn jīnshǔ	alkali metal
碱石灰	jiǎn shíhuī	soda lime
磷酸	línsuān	phosphoric acid
硫酸	liúsuān	sulphuric acid
硫酸钠	liúsuānnà	sodium sulphate
氯化铵	lǜhuà'ǎn	ammonium chloride
氯化钡	lǜhuàbèi	barium chloride
氯化钾	lǜhuàjiǎ	potassium chloride
氯化铝	lǜhuàlǚ	aluminium chloride
氯化镁	lǜhuàměi	magnesium chloride
氯化氢	lǜhuàqīng	hydrogen chloride
氯化铁	lǜhuàtiě	ferric chloride, iron (III) chloride
氯水	lǜshuǐ	chlorine water, chlorinated water
麦芽糖	màiyátáng	maltose
煤	méi	coal
酶	méi	enzyme
氕	piē	protium
品红	pǐnhóng	magenta, fuchsine
葡萄糖	pútaotáng	glucose
氢氟酸	qīngfúsuān	hydrofluoric acid
氢氧化铝	qīngyǎnghuàlǚ	aluminium hydroxide
醛	quán	aldehyde
炔烃	quētīng	alkyne
石灰石	shíhuīshí	limestone
石灰水	shíhuīshuǐ	limewater
石蕊	shíruǐ	litmus
石油	shíyóu	petroleum
四氯化碳	sìlǜhuàtàn	carbon tetrachloride
塑料	sùliào	plastic
羧酸	suōsuān	carboxylic acid
碳酸钙	tànsuāngài	calcium carbonate
碳酸钠	tànsuānnà	sodium carbonate

碳酸氢铵	tànsuānqīng'ǎn	ammonium bicarbonate
碳酸氢钠	tànsuānqīngnà	sodium bicarbonate
碳族元素	tàn zú yuánsù	carbon group element
糖类	táng lèi	carbohydrates
烃	tīng	hydrocarbon
烃的衍生物	tīng de yǎnshēngwù	hydrocarbon derivative
烃基	tīngjī	hydrocarbyl
酮	tóng	ketone
烷烃	wántīng	alkane
烯烃	xītīng	alkene
纤维素	xiānwéisù	cellulose
硝酸	xiāosuān	nitric acid
硝酸钡	xiāosuānbèi	barium nitrate
硝酸银	xiāosuānyín	silver nitrate
溴化钠	xiùhuànà	sodium bromide
溴水	xiùshuǐ	bromine water
盐酸	yánsuān	hydrochloric acid
氧化铝	yǎnghuàlǚ	aluminium oxide
氧化铁	yǎnghuàtiě	ferric oxide, iron (III) oxide
氧族元素	yǎng zú yuánsù	oxygen group element, chalcogen
乙醇	yǐchún	ethanol
乙醛	yǐquán	ethanal
乙炔	yǐquē	ethyne
乙酸	yǐsuān	ethanoic acid
乙酸乙酯	yǐsuān yǐzhǐ	ethyl acetate
乙烯	yǐxī	ethene
硬脂酸	yìngzhīsuān	stearic acid
油脂	yóuzhī	oils and fats
有机化合物	yǒujī huàhéwù	organic compound
蔗糖	zhètáng	sucrose
酯	zhǐ	ester

附录3：常用基本概念汉英对照表

汉语	拼音	英文
半透膜	bàntòumó	semipermeable membrane
饱和溶液	bǎohé róngyè	saturated solution
不饱和溶液	bù bǎohé róngyè	unsaturated solution
布朗运动	Bùlǎng Yùndòng	Brownian movement
纯净物	chúnjìngwù	pure substance
催化剂	cuīhuàjì	catalyzer, catalyst
单体	dāntǐ	monomer
单质	dānzhì	simple substance, elementary substance
电镀	diàndù	electroplate
电极	diànjí	electrode
电解	diànjiě	electrolysis
电解质	diànjiězhì	electrolyte
电离平衡	diànlí pínghéng	ionization equilibrium
电泳	diànyǒng	electrophoresis
电子	diànzǐ	electron
丁达尔效应	Dīngdá'ěr Xiàoyìng	the Tyndall effect
钝化	dùnhuà	passivation
惰性气体	duòxìng qìtǐ	inert gas
反应热	fǎnyìngrè	reaction heat
反应速率	fǎnyìng sùlǜ	reaction rate
放热反应	fàngrè fǎnyìng	exothermic reaction
非极性分子	fēijíxìng fēnzǐ	non-polar molecule
非极性键	fēijíxìng jiàn	non-polar bond
分解反应	fēnjiě fǎnyìng	decomposition reaction
分散剂	fēnsànjì	dispersant
分散质	fēnsànzhì	dispersoid

分子	fēnzǐ	molecule
分子晶体	fēnzǐ jīngtǐ	molecular crystal
分子式	fēnzǐshì	molecular formula
腐蚀	fǔshí	corrode, erode
负极	fùjí	anode
复分解反应	fù fēnjiě fǎnyìng	double-replacement reaction
副族	fùzú	subgroup B
共价化合物	gòngjià huàhéwù	covalent compound
共价键	gòngjiàjiàn	covalent bond
共用电子对	gòngyòng diànzǐduì	shared electron pair
官能团	guānnéngtuán	functional group
核电荷数	hédiànhèshù	nuclear charge number
核素	hésù	nuclide
化合反应	huàhé fǎnyìng	synthesis reaction
化合物	huàhéwù	compound
化学方程式	huàxué fāngchéngshì	chemical equation
化学键	huàxuéjiàn	chemical bond
化学平衡	huàxué pínghéng	chemical equilibrium
化学式	huàxuéshì	chemical formula
还原剂	huányuánjì	reducing agent, reductant
混合物	hùnhéwù	mixture
极性分子	jíxìng fēnzǐ	polar molecule
极性键	jíxìngjiàn	polar bond
加成反应	jiāchéng fǎnyìng	addition reaction
价电子	jiàdiànzǐ	valence electron
碱金属	jiǎn jīnshǔ	alkali metal
胶体	jiāotǐ	colloid
结构简式	jiégòu jiǎnshì	condensed structural formula
结构式	jiégòushì	structural formula
聚合度	jùhédù	degree of polymerization
聚合反应	jùhé fǎnyìng	polymerization reaction

聚合物	jùhéwù	polymer
可逆反应	kěnì fǎnyìng	reversible reaction
勒夏特列原理	Lèxiàtèliè Yuánlǐ	Le Chatelier's principle
离子	lízǐ	ion
离子反应	lízǐ fǎnyìng	ionic reaction
离子方程式	lízǐ fāngchéngshì	ionic equation
离子化合物	lízǐ huàhéwù	ionic compound
离子键	lízǐjiàn	ionic bond
离子晶体	lízǐ jīngtǐ	ionic crystal
两性氢氧化物	liǎngxìng qīngyǎnghuàwù	amphoteric hydroxide
两性氧化物	liǎngxìng yǎnghuàwù	amphoteric oxide
硫化物	liúhuàwù	sulphide
卤代烃	lǔdàitīng	halohydrocarbon
密度	mìdù	density
摩尔	mó'ěr	mole
摩尔质量	mó'ěr zhìliàng	molar mass
浓度	nóngdù	concentration
配平	pèipíng	balance
漂白	piǎobái	bleach
气体摩尔体积	qìtǐ mó'ěr tǐjī	molar volume of a gas
强电解质	qiáng diànjiězhì	strong electrolyte
轻金属	qīng jīnshǔ	light metal
氢化物	qīnghuàwù	hydride
氢氧化物	qīngyǎnghuàwù	hydroxide
取代反应	qǔdài fǎnyìng	substitution reaction
溶剂	róngjì	solvent
溶解度	róngjiědù	solubility
溶液	róngyè	solution
溶质	róngzhì	solute
乳浊液	rǔzhuóyè	emulsion
弱电解质	ruò diànjiězhì	weak electrolyte

水化物	shuǐhuàwù	hydrate
水解反应	shuǐjiě fǎnyìng	hydrolysis reaction
四面体	sìmiàntǐ	tetrahedron
酸碱指示剂	suān-jiǎn zhǐshìjì	acid-base indicator
酸碱中和滴定	suān-jiǎn zhōnghé dīdìng	acid-base neutralization titration
碳水化合物	tànshuǐ-huàhéwù	carbohydrate
碳族	tàn zú	carbon group
烃	tīng	hydrocarbon
同分异构体	tóngfēn-yìgòutǐ	isomer
同分异构现象	tóngfēn-yìgòu xiànxiàng	isomerism
同素异形体	tóngsù-yìxíngtǐ	allotrope
同位素	tóngwèisù	isotope
同系物	tóngxìwù	homolog
物质的量浓度	wùzhì de liàngnóngdù	molarity
吸热反应	xīrè fǎnyìng	endothermic reaction
系统命名法	xìtǒng mìngmíngfǎ	systematic nomenclature
相对分子质量	xiāngduì fēnzǐ zhìliàng	relative molecular mass
相对原子质量	xiāngduì yuánzǐ zhìliàng	relative atomic mass
消去反应	xiāoqù fǎnyìng	elimination reaction
硝化反应	xiāohuà fǎnyìng	nitration reaction
悬浊液	xuánzhuóyè	suspension, turbid liquid
衍生物	yǎnshēngwù	derivative
焰色反应	yànsè fǎnyìng	flame test
阳离子	yáng lízǐ	cation
氧化还原反应	yǎnghuà huányuán fǎnyìng	oxidation-reduction reaction
氧化剂	yǎnghuàjì	oxidizing agent, oxidant
氧化数（化合价）	yǎnghuàshù (huàhéjià)	oxidation number (valence)
氧化物	yǎnghuàwù	oxide
阴离子	yīn lízǐ	anion
银镜反应	yínjìng fǎnyìng	silver mirror reaction
元素	yuánsù	element

元素符号	yuánsù fúhào	elemental symbol
元素周期表	yuánsù zhōuqībiǎo	the periodic table
元素周期律	yuánsù zhōuqīlǜ	the periodic law
原电池	yuándiànchí	primary battery
原子	yuánzǐ	atom
原子核	yuánzǐhé	atomic nucleus
原子晶体	yuánzǐ jīngtǐ	atomic crystal
原子序数	yuánzǐ xùshù	atomic number
皂化反应	zàohuà fǎnyìng	saponification
正极	zhèngjí	cathode
指示剂	zhǐshìjì	indicator
酯化反应	zhǐhuà fǎnyìng	esterification
质量分数	zhìliàng fēnshù	mass fraction
质量守恒定律	Zhìliàng Shǒuhéng Dìnglǜ	law of conservation of mass
质量数	zhìliàngshù	mass number
质子	zhìzǐ	proton
置换反应	zhìhuàn fǎnyìng	single-replacement reaction
中子	zhōngzǐ	neutron
周期	zhōuqī	period
主族	zhǔzú	main group
族	zú	group

附录 4：常用化学物质汉语命名

yán 盐 (salt)			
$NaAlO_2$	piānlǚsuānnà 偏铝酸钠	$KAl(SO_4)_2 \cdot 12H_2O$	shí'èrshuǐhéliúsuānlǚjiǎ míngfán 十二水合硫酸铝钾（明矾）
$Na[Al(OH)_4]$	sìqiǎngjīhélǚsuānnà 四羟基合铝酸钠	$CaCO_3$	tànsuāngài shíhuīshí 碳酸钙（石灰石）
$NaCl$	lǜhuànà 氯化钠	Na_2CO_3	tànsuānnà 碳酸钠
NH_4Cl	lǜhuà'ǎn 氯化铵	K_2CO_3	tànsuānjiǎ 碳酸钾
$ZnCl_2$	lǜhuàxīn 氯化锌	$NaHCO_3$	tànsuānqīngnà 碳酸氢钠
$FeCl_3$	lǜhuàtiě 氯化铁	$AgNO_3$	xiāosuānyín 硝酸银
$FeCl_2$	lǜhuàyàtiě 氯化亚铁	$NaNO_3$	xiāosuānnà 硝酸钠
$CuCl_2$	lǜhuàtóng 氯化铜	$Cu(NO_3)_2$	xiāosuāntóng 硝酸铜
$MnCl_2$	lǜhuàměng 氯化锰	$ZnSO_4$	liúsuānxīn 硫酸锌
$BaCl_2$	lǜhuàbèi 氯化钡	$BaSO_4$	liúsuānbèi 硫酸钡
$AgCl$	lǜhuàyín 氯化银	$MgSO_4$	liúsuānměi 硫酸镁
$NaBr$	xiùhuànà 溴 化钠	$CuSO_4 \cdot 5H_2O$	wǔshuǐhéliúsuāntóng dǎnfán 五水合硫酸铜（胆矾）
$AgBr$	xiùhuàyín 溴化银	Na_2S	liúhuànà 硫化钠
$NaClO$	cìlǜsuānnà 次氯酸钠	Na_2SiO_3	guīsuānnà 硅酸钠
$KClO_3$	lǜsuānjiǎ 氯酸钾	Na_3PO_4	línsuānnà 磷酸钠
KI	diǎnhuàjiǎ 碘化钾	NaH_2PO_4	línsuān'èrqīngnà 磷酸二氢钠
AgI	diǎnhuàyín 碘化银	$KMnO_4$	gāoměngsuānjiǎ 高锰酸钾
Na_2SO_4	liúsuānnà 硫酸钠	K_2MnO_4	měngsuānjiǎ 锰酸钾

$Fe(SCN)_3$	liúqínghuàtiě 硫氰化铁		
suān 酸 (acid)			
HClO	cìlǜsuān 次氯酸	H_2SO_4	liúsuān 硫酸
HCl（水溶液）	yánsuān 盐酸	HNO_3	xiāosuān 硝酸
H_3PO_4	línsuān 磷酸	H_2CO_3	tànsuān 碳酸
$HOAc(CH_3COOH)$	cùsuān 醋酸	H_2SiO_3	guīsuān 硅酸
H_2SO_3	yàliúsuān 亚硫酸		
jiǎn 碱 (alkali)			
NaOH	qīngyǎnghuànà 氢氧化钠	$Fe(OH)_3$	qīngyǎnghuàtiě 氢氧化铁
$Mg(OH)_2$	qīngyǎnghuàměi 氢氧化镁	$NH_3 \cdot H_2O$	ānshuǐ 氨水
$Al(OH)_3$	qīngyǎnghuàlǚ 氢氧化铝	$Ca(OH)_2$	qīngyǎnghuàgài shúshíhuī、 氢氧化钙（熟石灰、 xiāoshíhuī 消石灰）
qìtǐ 气体 (gas)			
Cl_2	lǜqì 氯气	CO	yīyǎnghuàtàn 一氧化碳
H_2S	liúhuàqīng 硫化氢	H_2	qīngqì 氢气
NH_3	ānqì 氨气	N_2	dànqì 氮气
O_2	yǎngqì 氧气	CH_4	jiǎwán 甲烷
O_3	chòuyǎng 臭氧	C_2H_4	yǐxī 乙烯
CO_2	èryǎnghuàtàn 二氧化碳	C_2H_2	yǐquē 乙炔
yǎnghuàwù 氧化物（oxide)			
MnO_2	èryǎnghuàměng 二氧化锰	SiO_2	èryǎnghuàguī 二氧化硅
Al_2O_3	yǎnghuàlǚ 氧化铝	P_2O_5	wǔyǎnghuà'èrlín 五氧化二磷

CuO	yǎnghuàtóng 氧化铜	NO	yīyǎnghuàdàn 一氧化氮
Fe_3O_4	sìyǎnghuàsāntiě 四氧化三铁	NO_2	èryǎnghuàdàn 二氧化氮
Fe_2O_3	yǎnghuàtiě 氧化铁	SO_2	èryǎnghuàliú 二氧化硫
CaO	yǎnghuàgài shēngshíhuī 氧化钙（生石灰）		
guòyǎnghuàwù 过氧化物 (peroxide)			
H_2O_2	guòyǎnghuàqīng 过氧化氢	Na_2O_2	guòyǎnghuànà 过氧化钠

附录5：常用元素名称对照表

元素名称	拼音	元素符号	元素名称	拼音	元素符号
氢 hydrogen	qīng	H	镁 magnesium	měi	Mg
氮 nitrogen	dàn	N	铝 aluminium	lǚ	Al
氧 oxygen	yǎng	O	钾 potassium	jiǎ	K
氟 fluorine	fú	F	铅 lead	qiān	Pb
氯 chlorine	lǜ	Cl	钙 calcium	gài	Ca
溴 bromine	xiù	Br	钠 sodium	nà	Na
碳 carbon	tàn	C	铁 iron	tiě	Fe
硅 silicon	guī	Si	铜 copper	tóng	Cu
磷 phosphorus	lín	P	锌 zinc	xīn	Zn
硫 sulphur	liú	S	银 silver	yín	Ag